NOUVEAUX PAYSAGES
DE CAMPAGNE

DU MÊME AUTEUR

GASTON DEFFERRE, Solar, 1964.

LE PRÉSIDENT EST MORT, roman, Solar, 1965.

L'ÉLYSÉE EN PÉRIL, Fayard, 1969.

LE DUEL DE GAULLE-POMPIDOU, Grasset, 1970.

CHRONIQUE DES JOURS MOROSES, Solar, 1971.

EXÉCUTION D'UN HOMME POLITIQUE, Grasset, 1973.

LE ROMAN DE LA GAUCHE, Plon, 1977.

VIE SECRÈTE DE MONSIEUR LE, roman, Grasset, 1982.

MARIANNE ET LE POT AU LAIT, en collaboration avec Roger Priouret, Grasset, 1983.

EN SORTIR OU PAS, en collaboration avec Jacques Delors, Grasset, 1985.

PAYSAGES DE CAMPAGNE, Prix Aujourd'hui 1988, Grasset, 1988.

MON LIVRE DE CUISINE POLITIQUE, Grasset, 1992.

PLAIDOYER IMPOSSIBLE POUR UN VIEUX PRÉSIDENT ABANDONNÉ PAR LES SIENS, Albin Michel, 1994.

PHILIPPE ALEXANDRE

NOUVEAUX PAYSAGES
DE CAMPAGNE

BERNARD GRASSET
PARIS

A mes compagnons de promenade :
Agnès, les jours d'élection,
Jacques F., depuis des lustres,
Jacques A., chaque matin,
Christine et Serge, le dimanche,
et Benjamin, demain.

« Les ministres actuels sont des car-
reaux de vitres. On voit le président
au travers. »

« Décadence, progrès. Mots qu'on a
sans cesse à la bouche. Quant à moi
voici mon opinion : lorsque je vois les
hommes d'Etat, je crois à la décadence, et lorsque je vois la nation, je
crois au progrès. »

« Dans les difficultés politiques, la
brutalité est utile, et la délicatesse
nécessaire. »

VICTOR HUGO, *Choses vues.*

9 décembre. Visites.

En cet hiver d'ineffable mélancolie, il faut faire du chemin avant de trouver un politicien qui ait le cœur à rire. Il n'y en a qu'un, c'est Santini. Cet homme raffole des mots d'auteur (on lui en prête deux fois plus qu'il n'en dit mais il les revendique tous), des gros cigares et des petites confidences. Dans les couloirs du Palais-Bourbon, le voici qui chuchote dans quelques oreilles oisives : « Le président de la République sera en visite officielle en France du 10 au 12 décembre. »

Chirac revient du Burkina Faso. Il apparaîtra aux téléspectateurs dans une émission mise en scène par un orfèvre, Pilhan, et par sa fille Claude. Après quoi, il se rendra à Dublin.

Vendre la France sur les marchés mondiaux est sa première occupation. Par modestie sans doute, il se sent plus apte à ces missions voyageuses qu'aux méditations visionnaires. Jacques Attali, qui servit chez son prédécesseur comme chambellan, s'inquiétait quand Chirac a été élu : « Saura-t-il s'ennuyer ? » Le nouveau monarque brise le carcan des petits obstacles et des impuissances vertigineuses en enjambant les frontières. Lorsqu'il ronronne avec les succès de la France à l'exportation, c'est pure autosatisfaction. Les autres chefs d'Etat en font autant, dit-il. Les autres ? Bill Clinton règle ses affaires par téléphone. John Major est retenu à Londres par les tracas que lui cause sa majorité. Helmut Kohl pratique la chasse aux contrats, oui, mais en coup de vent, à la cravache, à l'allemande. Chirac mêle, dans une fringale inassouvie, négoce, tourisme, culture et gastronomie. Au Japon, l'autre jour, il étalait ses connaissances de l'art nippon devant ses hôtes et ceux-ci se pliaient en deux, pas forcément ravis qu'un Occidental perce les secrets de leur histoire.

Chirac aime s'éloigner. Vus à distance, les problèmes français s'amenuisent au point de paraître tout à coup à sa mesure. Pour le moment, dans sa tour d'ivoire élyséenne, il cherche les mots qui pourraient rendre aux Français quelque allégresse. D'ici, du côté gauche de la Seine, on l'entend presque ahaner.

18 décembre. Transitif.

Enfer et damnation ! Maurice Druon, qui fut le parolier du gaullisme et y a gagné l'immortalité en habit vert, ne va pas décolérer depuis qu'il a buté, dans le livre d'Alain Juppé, sur un de ces outrages à la langue française contre lesquels il guerroie avec alacrité. A la page 57, c'est écrit noir sur blanc, le mortel et faillible Premier ministre parle de « débuter la journée ». Errare humanum est : l'auteur aura cédé à une transitivation d'un verbe intransitif, influencé par les erreurs péremptoires de la télévision.

Druon n'osera pas coiffer le bicorne ni ceindre l'épée pour demander raison au chef du gouvernement. Sur le chapitre de la littérature, celui-ci nourrit des prétentions. Je sais. Aux dernières élections législatives, un pauvre bougre de candidat nommé Estrosi et surnommé « le motodidacte » parce que quelques rallyes gagnés sur deux roues constituaient l'essentiel de son pedigree avait publié un manifeste en forme d'opuscule dont il avait recommandé la lecture par voie d'affiche. Elu, il s'est trouvé déchu de son mandat pour avoir négligé d'introduire cette publicité dans ses dépenses de campagne.

A Paris, Alain Juppé avait commis à la même époque une faute identique en laissant l'afficheur attitré de la capitale (un chiraquien pur jus, évidemment) vanter les mérites d'un ouvrage intitulé *La Tentation de Venise* dans lequel le « meilleur d'entre nous » – dixit Chirac – se disait plus sensible aux langueurs de la lagune qu'aux cruautés de la politique.

Quelle idée m'a pris de parler de deux poids et deux mesures ? Et d'ajouter que la Venise de Juppé ne valait pas celle de Thomas Mann ? Sur-le-champ, ma victime prend la plume de Trissotin et me traite d'auteur jaloux, aigri, raté. Pour rire, je lui envoie *La Mort à Venise* mais deux jours plus tard un coursier-gendarme me dépose l'ouvrage assorti de ces deux mots : « En retour », sans que je puisse savoir s'il avait été lu.

Depuis, il y a toujours cet hommage à Thomas Mann entre nous, mais Alain Juppé ne l'évoque pas dans son livre : il s'y plaint seulement d'avoir reçu en pleine figure un « Mort au con » autrement vulgaire.

Aujourd'hui, le Premier ministre a des excuses : la guerre contre le chômage l'aura obligé à recourir, pour la rédaction de son ouvrage, aux services d'un « nègre » indélicat. Tous les éditeurs vous le diront : la moindre ambition politique exige la publication d'un livre, laquelle suppose les bons offices de documentalistes, de brouillonneurs et de tricoteurs du rewritage.

En France, où les lettres sont une République dans la République, point de destin national sans passage par les librairies. Juppé écrit ? La joie va revenir.

20 décembre. Baisers.

Face à la foule, au Japon comme au Gabon, dans le carrosse de la reine d'Angleterre comme entre deux rangées de barrières métalliques l'isolant des mécontents, Chirac lance des baisers, du bout des doigts des deux mains. Quelque expert en comportement médiatique, admirateur des stars hollywoodiennes de la grande époque, lui aura suggéré cette bizarre gestuelle.

Cet homme, conformiste jusqu'au bout des ongles, cède une ou deux fois par an aux incongruités. Le baiser soufflé sied à un chef d'Etat autant que le piercing à un énarque.

Chirac embrasse sec : les femmes ministres, journalistes, ou conseillères d'Etat en rosissent de plaisir. Les épouses des chefs d'Etat gardent longtemps sur le verso de la paume le parfum délicieusement français, galant et suranné de ses baisemains.

Après son échec de 1988, sa femme ne cessait d'interroger ses connaissances : « Pourquoi les Français n'aiment-ils pas mon mari ? » Lui-même a remâché la question plusieurs mois. Puis en a pris son parti. La Providence a placé sur sa route six ans plus tard un rival, Balladur, visiblement allergique aux effusions et jusqu'aux poignées de main. C'est alors que Chirac a exploité son avantage, multipliant les bises aux ménagères et les mamours aux enfants, jusqu'à en arriver à ces baisers au vent, à la foule, qu'il vous débite à une cadence infernale.

Erreur : le président, qui cherche son style depuis deux ou trois décennies, s'imagine que les Français veulent un souverain « proche des gens » selon la formule des sondages. D'où les baisers. Mais le peuple républicain veut un vrai monarque, distant, engoncé dans son protocole : il n'aime pas tutoyer le prince. Quelquefois il lui coupe la tête ou le répudie, mais toujours avec respect. Les Corréziens eux-mêmes, que Chirac a étreints un par un depuis son parachutage sur cette terre radicale, n'osent plus lui meurtrir l'omoplate : il faut désormais qu'il les force, les frotte sur son cœur.

Sa popularité n'en sort pas renforcée mais le soir, rentrant dans son palais après tous ces signes d'affection distribués à profusion et à la diable, il se sent réconforté, consolé. Sur le chapitre « baisers », il est imbattable.

24 décembre. Climat.

« Le fond de l'air effraie », dit au téléphone un obscur député RPR du Midi. Ai-je bien entendu ? La température extérieure est, certes, glaciale mais le ton de la voix où perce l'angoisse sous l'amertume blagueuse ne me laisse guère de doutes : c'est bien d'effroi qu'il s'agit. Elu il y a bientôt quatre ans sur sa mine de gendre idéal, le jeune homme s'était pris d'emblée à rêver d'un destin de notable dans le satin des palais de la République, dans sa province d'abord puis à Paris. Patatras ! Il lui aura fallu jour après jour se contenter d'écouter, ici, les revendications aigres de ses électeurs et, là, les promesses trop caressantes des grands chefs de cuisine de son parti. Ajoutez à cela la déception de sa jeune épouse qui, disait-elle, « ne pouvait pas mettre un sou de côté pour le jour inévitable où il serait battu ».

Effrayé, il y avait de quoi l'être. Dans quinze mois, selon les oracles locaux, il ne lui resterait que la considération de ses voisins et les dettes contractées pour se doter d'une habitation digne de son mandat. Il ne serait même plus invité aux dîners de M. le Préfet. Le fond de l'air, il n'y était pour rien : pas plus celui distillé par les grosses têtes du gouvernement que celui soufflé par un dieu météorologique.

— Je suis enseveli sous les candidatures : à un emploi, à un logement, à une aide. Les lettres, passe encore. Mais quand les gens viennent vous exposer leurs malheurs, on ose à peine soutenir leur regard, ce vide dans leurs yeux. J'ai presque honte de ma cravate et des kilos supplémentaires que nous inflige la vie politique.

— Ne culpabilisez pas. Vos patrons vous ont

recommandé l'allégresse. Partez en campagne la fleur au fusil.

Il me répond d'un hoquet intraduisible.

Les éminences au pouvoir ont trouvé une réponse à la frayeur de leurs troupes qui tient en deux mots : le moral. Si les entreprises n'investissent pas, si le chômage augmente et si les voitures sont incendiées dans les banlieues, c'est parce que les Français sont engourdis dans un spleen baudelairien. Cette confusion entre la cause et l'effet ne trompe guère notre « bon peuple », selon l'expression employée à la télévision par Chirac avec une moue de dépit (amoureux). Le nouveau président, durant sa campagne de 1995, annonçait avec un optimisme débordant que son entrée à l'Elysée déclencherait dans le pays les forces de la joie entraînant l'embellie économique. Dix-huit mois plus tard c'est le contraire qui se produit. Chirac est le premier déçu de France. Le magicien attendu par les Français n'a sorti de son chapeau que la dépouille d'un lapin anémique.

Faute de convaincre les citoyens de son aptitude aux prodiges, il se rabat sur les députés en leur promettant de se trouver une fois encore à leur tête dans cette campagne. La défaite ne l'effleure pas, affirme-t-il d'une voix militaire soulignée d'un geste professoral. Le retour des socialistes est improbable, impossible. Rompez.

29 décembre. Splendeurs.

Héritier, sur le tard, de son légendaire père, Serge Dassault défend patrimoine et empire avec une âpreté qui a failli fâcher le chef de l'Etat à plusieurs reprises. Mais le nom qu'il porte lui assure, aujourd'hui comme hier, une immunité inviolable. Lorsque des négociations se braquent entre l'Etat et lui, Chirac intervient : « Laissez-moi faire. » Le président doit tout, presque tout, à Marcel Dassault, frileux et flamboyant avionneur, dont son père fut l'employé. Quand Chirac s'est mis en tête de devenir député, M. Dassault père lui a ouvert une bourse inépuisable, disant : « Ce garçon, j'en ferai un secrétaire d'Etat à l'Aviation civile. » Cette espérance a été vite revue à la hausse.

Il y a un seul meuble que Serge Dassault n'ait pas reçu en héritage : c'est le fauteuil de maire de Corbeil-Essonnes, une de ces communes de banlieue où les jeunes désœuvrés tiennent le haut du pavé la haine au cœur. Elu en 1995 après d'innombrables tentatives, il a rendu aussitôt la visite d'usage au préfet du département :

— Je réunirai mon conseil, lui a-t-il dit, dans trois jours, au rez-de-chaussée de mon hôtel particulier du rond-point des Champs-Elysées.

Le préfet lui a rétorqué que la loi l'obligeait à siéger dans sa mairie, bâtiment banal, sans marbre au sol ni Renoir au mur. Serge Dassault a été douloureusement surpris.

Néophyte et même naïf en ces matières, le nouveau magistrat municipal croyait que tout mandat, dans notre République, était assorti d'un minimum de splendeurs, d'un quota de privilèges. Il lui suffisait de lire les journaux pour constater que la fonction de maire, de président de conseil général ou régional supposait ce qui s'appelle un joli train de vie. L'un de nos notables faisait payer par les contribuables son personnel de maison, le récurage de sa piscine ou la surveillance de sa résidence secondaire — voire son ravitaillement quotidien. L'autre logeait dans un appartement dit de fonction décoré à son goût. Le Premier ministre lui-même était tombé des nues lorsque des esprits pervers lui avaient reproché de s'être attribué, pour lui-même et sa famille, des appartements de la Ville de Paris dont il avait fixé le loyer. Juppé avait même fait entendre un curieux bruit de bottes. On n'allait tout de même pas lui faire grief d'un banal quatre-pièces alors que son maître Chirac avait jeté son dévolu, dans des conditions à peine différentes, sur un hôtel particulier.

Dûment chapitrés par l'ami Toubon, de hauts magistrats s'étaient empressés de débarrasser Juppé et quelques autres de ces peccadilles. Mais au bout d'un an, les procureurs et les juges ne savaient plus où donner de la tête devant la cohorte grossissante des notables accusés de s'offrir des signes extérieurs d'opulence avec les deniers publics.

On rendra à Serge Dassault cette justice : les marbres et les ors dans lesquels il prétendait enchâsser le conseil municipal de Corbeil-Essonnes lui avaient été légués en bonne et due forme, en toute légalité. Il y a encore de braves gens que la politique n'a point enrichis.

30 décembre. Orphelins.

Au nom de la déontologie républicaine, qui exige une absolue dichotomie entre l'exécutif et le législatif, le sénateur Charasse refuse de se rendre à la convocation d'une dame, juge de son état. Celle-ci prétendait lui poser des questions sur un cadeau fiscal consenti au parti communiste ou à la Générale des Eaux, voire à l'un et à l'autre. Le sénateur, qui était au règne mitterrandien ce que la saucisse sèche est à l'Auvergne et la bretelle au pantalon, n'en revient pas d'être tombé du rôle de bouffon du Roi à celui de vulgaire témoin. Du temps du défunt président, il siégeait simultanément au premier étage de l'Elysée et à l'aile gauche du Sénat sans offusquer âme qui vive. Misère! On voit, à de tels signes, que les héritiers de Mitterrand (Mazarine exceptée) sont traités par-dessus la jambe.

Si Chirac n'était pas là, il n'y aurait plus guère de thuriféraires pour chanter le nom du précédent souverain. On les compte sur les doigts d'une main. La cour s'est dispersée, les anciens combattants de la splendeur mitterrandienne ont fait valoir leurs droits à la retraite. Charasse ne fait plus peur aux juges et ne peut plus distribuer les avancements. L'alternance a jeté à la rue une poignée d'orphelins ; Jack Lang, certes, continue de pratiquer la mitterrandolâtrie, mais attention ! se met à regarder Chirac d'un œil de velours. Dumas et Rousselet, gardiens de la mémoire et des musées, se font discrets. Seule, la veuve (légitime) du président décédé procédure et ferraille pour défendre une pensée qui n'a guère de rapports avec le cynisme impérial de son époux.

Mitterrand, en son nouveau royaume, doit être heureux d'avoir trouvé en Chirac un zélateur tardif.

Quant aux Français, qui ont souvent haï et méprisé le monarque calculateur, ils se découvrent un culte pour le cancéreux stoïque en son agonie.

11 janvier. Lyrisme.

Dépourvu, depuis sa naissance, de cette ingratitude qui sied aux hommes d'Etat, Chirac s'en est allé présenter ses vœux – après la presse, les corps soi-disant constitués, les sénateurs et les artisans pâtissiers-boulangers – aux Corréziens de la troisième circonscription qui, en trente ans, n'ont jamais désespéré de son destin royal. Il faut le voir promener sur cette population le regard possesseur du paysan enrichi – enfin, parvenu – mais pas fier pour deux sous. Dans une salle de mairie, pour prononcer les banalités rituelles, le voici qui tire de sa poche un morceau de papier.

Il y a longtemps qu'il n'improvise plus, l'exercice lui a valu de cuisants déboires. (L'autre jour encore, ce mot de « conservateurs » qui lui a échappé comme celui de « veaux » à de Gaulle.)

C'est le secret du regret que Mitterrand inspire aux Français. Le génie du verbe, après lui, s'est perdu. Pour inaugurer une voie piétonne ou épingler un Mérite agricole, nos hommes politiques se fournissent en compliments auprès d'obscurs façonniers. Sage précaution : il n'y a jamais un mot qui dépasse. Les phrases chocs et les bons mots sont confectionnés au petit point.

Le style de Chirac, au contraire de celui de ses prédécesseurs, sent l'effort, la contrainte, l'artifice. La vérité de cet homme s'exprime en petit comité, mêlant le conseil de révision, Joseph

Prudhomme et les comices agricoles. En public, il s'oblige à parler comme un conseiller d'Etat alors que son peuple l'a pris, avec affection, pour un trépidant et chanceux cousin de province.

14 janvier. Malentendu.

En Rhénan méfiant, Helmut Kohl ne comprend rien aux subtilités corréziennes ou auvergnates de la politique française. Ainsi, il est persuadé – et rien ne l'en fera démordre – que Giscard a lancé une torpille contre la politique monétaire franco-allemande à la demande, voire sur ordre, de Chirac. Ses amis centristes français ont délégué auprès de lui quelques belles pointures pour le persuader qu'il ne s'agissait pas d'un coup monté. Peine perdue. Et les critiques au vitriol de Giscard contre Juppé à l'Assemblée ? « Ach ! a fait Kohl. Les Français ont cru nous jouer. »

Chirac ne s'est pas inquiété de cette grogne allemande ; question de calendrier : « Kohl veut être le chancelier de l'an 2000. Pour être réélu en 1998, il aura besoin de l'amitié entre nos

deux pays. » Le président, au milieu des difficultés insaisissables, de l'accablement général et
des indices plombés, joue au Mitterrand. Il
caresse le temps dans le sens du poil pour s'attirer, lui aussi, les faveurs d'un second septennat.
L'Allemagne, l'Angleterre, l'Amérique, sans parler de la Russie, auront depuis longtemps changé
de président. Il sera le doyen planétaire. Lui qui
a été l'impatience faite homme se montre prêt à
avaler, sans grimace, pendant douze ans encore,
la mélasse des sondages et des éventuelles coha-
bitations.

Nouveauté : il peut désormais recevoir un
visiteur pendant une quarantaine de minutes
sans être interrompu une seule fois par un coup
de téléphone ou quelque besoin pressant.

Mais nombre de ses amis doutent encore de
la réalité de cette métamorphose : « Chirac n'a
pas été élu pour jouer les sphinx façon Mitterrand. »

16 janvier. Eve.

Chez Raymond Barre, que tant d'échecs n'ont pas guéri de son magistère sentencieux, ce qu'il y a de plus gai, de moins convenu et de plus passionné, c'est sa moitié. Mme Barre s'appelle Eve. Elle est hongroise et Chirac, qui cajole l'ex-censeur de l'Etat-RPR, l'a invitée à l'accompagner dans un voyage à Budapest. Barre, avec une pointe d'inquiétude, la laisse partir en représentation, lui-même étant retenu par les cuisines lyonnaises : la délectable et la politique.

— Oui, je remplace Mme Chirac, a dit Eve Barre.

Puis elle a ajouté, de cet accent qui fit la fortune des sœurs Gabor à Hollywood :

— Pour ce voyage seulement.

20 janvier. Esquive.

Lorsque les pouvoirs, exécutif ou législatif, sont embarrassés par une grosse épine dans le pied, ils ont recours à une médecine d'apothicaire : une commission. Sachant que la campagne électorale qui s'ouvre sera barbouillée par les innombrables affaires de corruption et que la majorité risque d'y perdre autant de troupes que Napoléon dans la Berezina et les socialistes aux dernières législatives, Chirac a chargé deux douzaines de « sages », tous sélectionnés par lui, d'ébaucher une réforme de la justice. Il en a informé les Français en direct, comme de Gaulle annonçant le premier essai nucléaire.

La justice n'est certes pas la préoccupation lancinante de la plupart des Français qui, grâce au ciel, n'ont pas de démêlés avec elle. Sa lenteur est critiquée — mais c'est une question de moyens, d'effectifs, d'argent. Nul n'est dupe : ce sont les dirigeants politiques ou économiques menacés de poursuites judiciaires, et en particulier les amis de Chirac, qui vivent dans l'anxiété et réclament une réforme des procédures. Mais le président, dans son homélie, n'a pas effleuré ces maudites affaires qui menacent de leurs lourds nuages les palais gouvernementaux. Plus triste encore : nul n'a crié : « Bien joué, monsieur Chirac... »

Le chef de l'Etat a botté en touche, ou plutôt en Truche, du nom du très haut magistrat à qui a été confié ce cadeau empoisonné, aux effluves nauséabonds. Un nom qu'on pourrait croire emprunté à Courteline, grand amateur de gaietés administratives et judiciaires. Mais M. Truche a un physique qui ne prête pas à rire, une silhouette, des épaules, un tour de taille qui ne flottent pas dans la robe rouge et l'écharpe d'hermine. Une crinière blanche semblable aux perruques des juges britanniques. Dans cette majesté cramoisie, c'est M. Truche qui impressionne face à un Chirac devenu perplexe.

Les juges et les journalistes, les uns et les autres s'épaulant, sont les bêtes noires de nos gouvernants. Pendant un an, l'ombre de M. Truche va planer sur la majorité et son grand chef, telle une statue de Commandeur.

21 janvier. Réceptions.

Homme de lettres, comme nul n'est censé l'ignorer, Juppé a célébré l'entrée de sa dernière œuvre dans le palmarès des meilleures ventes en librairie. Il a reçu à dîner ses rivaux, auteurs des prix littéraires, accompagnés de leurs éditeurs. Isabelle Juppé, qui vient d'achever un ouvrage, était de la fête. Elle ne manque aucune des réjouissances que s'offre son mari, le couvant d'un regard à la fois possessif et soumis.

Aux hors-d'œuvre, la conversation a démarré sur les impôts et elle a tenu tout le repas sur ce registre. Le maître de maison n'a pas pu étaler sa culture, ses lectures. Pire : personne ne lui a adressé le moindre compliment pour son bouquin. Parions qu'on ne l'y reprendra plus.

Plus trivial dans ses mondanités, Chirac a adoubé Johnny Hallyday dans la chevalerie de la Légion d'honneur. Là, pas besoin de citer Stendhal ou Spinoza.

Le chanteur a gagné sa distinction en remplissant à maintes reprises le Palais des sports de Bercy, monument phare du règne chiraquien à

Paris. Mais le soutien qu'il a apporté naguère au candidat Chirac n'est sans doute pas étranger à cette Légion d'honneur. Après quinze mois, Chirac n'en finit pas de remercier les hommes et les femmes qui n'ont jamais désespéré de sa bonne étoile – ce qui peut rétrospectivement s'apparenter à un acte de bravoure.

26 janvier. Spécimen.

Un certain Gaymard est secrétaire d'Etat, c'est-à-dire qu'on lui donne du « Monsieur le Ministre » avec la bouche en cul-de-poule. Il y en a treize à la douzaine de semblables, au gouvernement, au Parlement et chez nos grands commis d'Etat. Tous munis des meilleurs diplômes – ENA ou Polytechnique –, rasés de près, vêtus de flanelle en semaine et de tweed le week-end, cravatés large, le cheveu court et l'haleine rafraîchie. Le secrétaire d'Etat Hervé Gaymard présente un seul signe particulier : un rictus oblique de la lèvre supérieure qui pourrait faire croire, chez cet homme encore jeune, à du cynisme ou de la cruauté.

Il use, avec aplomb, du nouveau vocabulaire politique à quoi l'on reconnaît les jeunes loups de la droite : « sur le terrain, au quotidien, un comité de suivi, une majorité soudée... » Il répète « ça va dans le bon sens » pour rassurer des Français plongés dans un tunnel dont ils ne voient pas la fin. Et il ne manque jamais de rappeler que tout ce qu'il entreprend et décide répond aux directives du Premier ministre ou du président de la République. Sage précaution de ces brillants jeunes gens, pour le cas où leur responsabilité serait mise en cause.

On a peine à l'écouter, tant l'on est captivé, intrigué par cette moue qui lui déforme la bouche. Avidité ou amertume ? Gaymard est parvenu au second cycle du cursus politique. Il est promis à une rapide progression : tant d'efforts quotidiens et de leçons bien récitées pour une si piètre reconnaissance... Impossible de ne pas lire, sur cette lèvre en rébellion, le tracé présent et futur d'une carrière où les tracas ne vaudront pas des satisfactions ministérielles.

Comme la plupart de ses congénères, Gaymard a une femme placée, elle aussi, dans les hautes sphères de l'Etat. De nos jours, on pratique la politique en couple – ce qui n'empêche pas pour autant les divorces. Les Gaymard ont sept enfants. Imaginez la vie de ce petit monde à huit heures du soir, lorsque Chirac ou Juppé passe au journal télévisé et que le dernier-né, comme celui de Monsieur Dimanche, fait du bruit avec son tambour... Le tic de M. le Ministre trahit sans doute d'imperceptibles détresses.

27 janvier. Comptable.

Quand les fidèles de Chirac, héritiers putatifs du général de Gaulle, parlent de leurs partenaires de la majorité, ils disent : les « sang triste », en faisant siffler les consonnes comme des flèches. Entre les deux familles, la déchirure est vieille de plus d'un demi-siècle. Elle n'empêche pas la collaboration mais empoisonne les sentiments. Il y a quelques « sang triste » au gouvernement : les uns sont regardés avec méfiance, les autres avec un mépris qui frise la commisération. Jean Arthuis appartient sans conteste à cette seconde catégorie.

Le ministre des Finances est expert-comptable dans le civil, « sang triste » depuis la sortie de

l'adolescence et maire de Château-Gontier, trois
caractéristiques concordantes. La petite ville
dont il est l'oracle est bercée par le clapotis de la
Mayenne qui la traverse, indifférente aux passions et aux fulgurances de la fin du siècle. Grise
comme l'ardoise des toits, comme le teint et les
costumes de son maire. Ici, les chevaux sont des
trotteurs et les hommes politiques oscillent, avec
précaution, d'un conservatisme sans arrogance à
un réformisme sans audace. Arthuis est de son
pays, de son parti, avec un peu de cette mélancolie qui flotte dans l'air, sur ces terres de la
douceur angevine : il est entre deux âges, entre
deux eaux, ballotté entre la fidélité à son parti et
la soumission aux chefs gaullistes qui l'ont à
l'œil. Un « sang triste » dans sa douloureuse et
quotidienne vérité.

Il y a une quinzaine d'années, l'ensommeillé
département de la Mayenne avait pour sénateur
un représentant du même parti chrétien modéré,
un homme au sang bouillonnant, au visage
coloré, un patron d'abattoir nourri d'entrecôtes
juteuses qui siégeait davantage dans les comices
agricoles que parmi les préretraités du Sénat.
Il s'appelait Raoul Vadepied — presque un
programme que ce nom-là. Au bout de deux
bons septennats, notre homme, probablement

dégoûté des palabres chevrotantes des sénateurs, abandonna son fauteuil et résolut d'y installer le jeune Arthuis. Paysans et commerçants du département en furent estomaqués. Primo, le Raoul abandonnait son siège trois ans à l'avance, une provocation vis-à-vis des sénateurs qui depuis le second Empire se croient élus à vie. Secundo, il choisissait pour héritier l'homme du département qui lui ressemblait le moins, jeune, mince, pâle : pensez donc, un expert-comptable dans ce pays où les affaires se concluent d'une poignée de main. Mais il faut croire qu'Arthuis a le génie des parrainages contre nature. C'est un marchand de véhicules, l'actuel président du Sénat Monory, qui l'a recommandé avec insistance à Balladur, puis à Chirac et Juppé.

Mais depuis qu'il est chargé de la tenue des comptes de la Nation et de la traque des déficits, Arthuis est regardé comme le cancre de la classe gouvernementale et, à ce titre, souvent réprimandé par ses maîtres. A ses débuts, il s'imaginait qu'un ministre des Finances avait droit à une certaine liberté de parole. Il n'a pas tardé à évaluer sa méprise : c'est Juppé qui a présenté la réforme fiscale à la presse puis aux Français, lui-même étant confiné dans des hochements de tête muets. A dix ou douze reprises, la rumeur de sa démission a traversé les antichambres, sans y provoquer de réactions notables. Tous les échecs ou les bavures du gouvernement en matière de privatisations lui ont été imputés, jusqu'à cette révolte des salariés du Crédit Foncier pour laquelle personne ne se défend d'une certaine sympathie.

Il n'y a pas de ministre plus malheureux, c'est visible en gros plan chaque fois qu'il occupe le petit écran, le cou serré dans un col immaculé, le sourire pitoyable. Allez donc annoncer le retour des vaches grasses avec une mine aussi funèbre. Dans la bouche d'Arthuis, la croissance est une prière murmurée au pied des autels, un prix de vertu réclamé à la divine Providence.

28 janvier. Croisade.

Par une pudeur à laquelle les Français devraient se montrer sensibles, Chirac a qualifié de « croisade » la campagne électorale qu'il vient d'entreprendre. Certes, la pêche aux voix n'a jamais été pour lui un chemin de croix mais un sport où l'énergie compte davantage que la stratégie. Les députés RPR, surtout les miraculés de la vague de 93, croisent les doigts : « Allons ! Le Grand Jacques va mouiller sa chemise et nous faire traverser la mer Rouge. »

Première étape : Boulogne-Billancourt, où il n'y a plus de forteresse ouvrière mais des bureaux tout en verre sombre. Chirac est allé y exhorter les jeunes demandeurs d'emploi.

Le journaliste américain du *Herald Tribune*, John Vinocur, en revient, émerveillé et éberlué :

— Votre président me fait penser à Jimmy Carter : homme sympathique, chaleureux, attentif aux difficultés quotidiennes des gens et débordant de bonne volonté. Mais trop naïf pour la charge qui lui incombe. L'idée d'inciter les jeunes des banlieues à tapoter sur des ordinateurs sous la houlette de polytechniciens me paraît délicieusement absurde. Elle montre un Chirac déboussolé.

A une mignonne jeune fille désireuse de trouver un emploi dans la photographie, Chirac a suggéré, d'une voix timide, d'aller voir à l'étranger :

— Ça ne vous dirait rien ?

— J'aimerais mieux pas.

Il n'a pas insisté. Depuis son élection, il a vraiment tout essayé pour résorber le chômage des jeunes. Tout : depuis la loi de Robien jusqu'aux « stages diplômants ». L'exportation de nos jeunes est la marotte de Monory. Il y a une vingtaine d'années, le professeur Barre, alors Premier ministre, exhortait les demandeurs d'emploi à créer leur entreprise. Les Français sont inventifs : pour gagner les élections, qui se joueront sur cette question des jeunes, Chirac écoute tous les donneurs de conseils. Mais rien ne marche et, certains jours, son optimisme d'airain s'évapore.

2 février. Prédateur.

La musaraigne est un petit animal svelte, au regard inoffensif et au pelage soyeux. Mais gardez-vous de la caresser : sa morsure est venimeuse, parfois mortelle. Bruno Mégret fait irrésistiblement songer à ce prédateur aux apparences innocentes. Il a une tête de diplômé, il a d'ailleurs fait Polytechnique et on le voit d'ici écrasé sous un bicorne et une épée trop lourds pour sa silhouette.

On comprend pourquoi Le Pen ne l'aime pas.

Mégret s'est fait une tête de technocrate RPR : il vient d'ailleurs du parti de Chirac, a été conseiller de son grand ancien Robert Galley, gendre du maréchal Leclerc et ministre permanent sous Pompidou et Giscard. Au Front national, Mégret n'a pas réussi à camoufler ses chromosomes néogaullistes. Quand il parle, même pour professer les anathèmes de l'extrême droite, c'est de la langue feutrée en usage dans les cabinets ministériels. Quelle secrète déception l'a fait ainsi dévier du raisonnable au démoniaque ? Il lui en reste je ne sais quoi de lourd, de honteux dans le globe de l'œil.

Ces messieurs du Conseil d'Etat – peut-être par mansuétude envers le fils d'un ancien collègue, un membre de la famille en somme – lui ont fait un joli cadeau. Pour le « punir » d'avoir allégrement transgressé la limite autorisée des dépenses électorales, ils ont annulé l'élection de 1995 dont il était sorti vaincu. Résultat : il va gagner sans doute cette revanche miraculeusement offerte.

L'intelligence des conseillers d'Etat atteint de tels sommets qu'aucun citoyen ordinaire ne peut plus suivre. Vous trichez, le corps électoral, juge suprême, vous sanctionne, mais c'est votre vainqueur qui est puni. Même si celui-ci n'est pas blanc comme neige (oh! il n'est pas le seul), c'est à rendre les électeurs fous, c'est-à-dire les faire voter pour l'extrême droite.

Bruno Mégret a donc substitué le nom de sa femme au sien — qui est naturellement pour moitié le même — mais c'est lui qui s'occupe de politique. Elle n'a pas droit à la parole. Tout au plus est-elle autorisée à poser sur les affiches, à côté de la musaraigne qu'elle a épousée. Nul ne s'indigne. Loin d'exclure les femmes des jeux de l'arène, nos hommes politiques les utilisent comme secrétaire, assistante, chargée de presse ou parfois suppléante. Lorsqu'ils croulent sous les mandats accumulés, ils en cèdent une poignée à leur épouse et la caisse du ménage se trouve ainsi confortée. Plus galants, quelques-uns de ces élus attendent de mourir pour que leur veuve puisse s'emparer de leur fauteuil. Ce n'est pas le cas de Mégret.

La rapacité de ce prédateur lui vaut au Front national des inimitiés dont il doit garder la liste sur un carnet de moleskine pour le jour où il remplacera Le Pen. Hypothèse abracadabrante : on n'a jamais vu une musaraigne succéder à un buffle. En attendant, Mégret grignote et mord en crachant son venin.

5 février. Corvée.

En 1994, relevant à peine d'une défaite électorale qui l'avait laissé sur le sable, sans mandat, sans fonction, sans avenir, Jospin avait décidé de quitter cette ingrate politique à laquelle il avait consacré tant de nuits. Il avait demandé à Juppé, alors ministre des Affaires étrangères, un poste à sa mesure dans son corps diplomatique d'origine. Réponse négative. Il aurait pu s'adresser à Mitterrand, toujours en exercice, mais c'était au-dessus de son ombrageuse fierté. Et c'est ainsi que la politique l'a récupéré, mais en ne lui laissant qu'un fragment de strapontin dans quelque groupe de travail où l'on ne se tue pas à la tâche.

Ayant épousé une philosophe qui lui a enseigné l'art de regarder passer les trains, Jospin, en 1995, a sauté dans le dernier wagon de l'ultime convoi avec une tranquillité surprenante. C'était le bon choix. A présent, il a repris son poste d'observation sur le quai du départ, en lisant les journaux de cet œil fixe d'un homme pour qui le plaisir de l'attente, et du chemin que l'on imagine, vaut celui du voyage. De son cheminement tourmenté derrière Mitterrand, il a gardé, pour tout bagage et héritage, la patience. Il prend le temps de sourire et même de rire, ce qu'il ne se permettait pas du temps de son tyrannique maître.

Le parti socialiste lui a offert la place du chef, des assistants, des adjoints, une troupe à peu près obéissante, du moins pacifiée. Mais Jospin préfère siéger chez lui. Jolie coïncidence : sa rue de Bièvre se nomme rue du Regard.

On lui conseille ou plutôt on l'adjure de se rendre à Vitrolles où Mégret va gagner la mairie pour le compte du Front national. Le candidat socialiste local est un ténébreux en cache-col qui a fréquenté Bernard Tapie et l'a imité jusqu'à s'exposer à des poursuites judiciaires : le genre de notable gourmand qui a contaminé la gauche, avec une belle gueule comme Mitterrand les aimait. Jospin se fait longuement tirer l'oreille : « Je parlerai de la gauche, de la République, de la liberté. Mais ne comptez pas sur moi pour prononcer le nom de notre candidat. »

Sa philosophe d'épouse lui a pourtant sûrement appris que la politique ici-bas ne va pas sans pots-de-vin, sans Guignols ni sans un minimum de canaillerie.

6 février. Mémoire.

Pour l'enfant que j'étais, pendant la guerre, le monde se divisait en deux : ceux qui pensaient bien et ceux qui pensaient mal. Dans ma famille, quand on citait le nom d'une personne, il fallait toujours préciser à quelle catégorie elle appartenait. Nini, la compagne du milicien qui habitait la maison d'en face et partait souvent le soir, en uniforme et tenant en laisse un chien-loup, Nini était cataloguée. Parfois, avec mes camarades d'école, nous lui lancions des gros mots et nous partions en courant. Notre manière à nous de penser bien. Mais je me sentais coupable car c'était une superbe plante brune, toute en rondeurs et quelqu'un d'aussi désirable ne pouvait pas appartenir au mauvais camp. Quand on l'a tondue, à la Libération, sous les rires excités de la foule, mes certitudes se sont effondrées.

A certains signes, j'avais déjà pu vérifier que la classification des êtres humains n'était pas si simple. Chez un des mes camarades de classe, au-dessus du buffet Henri II, trônait, dans un cadre doré, avec sa moustache blanche passée au peigne fin, la figure de Pétain – le même Maréchal que, chez moi, l'on traitait selon les jours de salaud sénile ou de vermine étoilée. Pourtant, la famille de mon copain était réputée irréprochable. Les prêtres salésiens qui tenaient mon école nous distribuaient, à l'heure de la récréation et des biscuits caséinés, des photos sépia du vieillard détesté. Mais ils ne nous faisaient pas chanter l'hymne obligatoire au Maréchal et surtout ils accueillaient des enfants juifs dont nous ne savions pas pour quelles raisons ils étaient exemptés de messe et de catéchisme. Des gens qui vendaient du beurre sans tickets, au marché noir, étaient accueillis comme de bons Samaritains, d'autres voués à la potence au jour où la guerre s'arrêterait. Pour un enfant n'ayant pas encore assimilé les ambiguïtés vertigineuses de notre histoire, les repères étaient difficiles à localiser. A la Libération, on a retrouvé des collabos notoires décorés et roulant en Citroën, tandis que de pauvres bougres, toujours prêts à se prosterner devant n'importe quel monarque, comme il y en a tant en France sous tous les régimes, se voyaient châtiés comme traîtres à leur patrie.

Nous étions des enfants : nous n'avions pas l'âge de chercher à comprendre. Le chocolat et les chewing-gums des soldats américains nous aidaient à avaler les accommodements des adultes avec le bien et le mal.

Un demi-siècle plus tard, la même confusion règne dans des esprits qui ont l'excuse de n'avoir pas vécu l'Occupation — la même inlassable et insoluble polémique entre bien et mal-pensants. Les Français s'acharnent à réviser les comptes de la Libération et à épurer les consciences. L'idée de réparer, de rembourser aux Juifs les spoliations dont leurs parents ou grands-parents ont été victimes n'est pas nouvelle. La dernière version nous vient des Etats-Unis. Il n'en coûtera presque rien au Trésor américain, tout juste de quoi engraisser quelques avocats de Brooklyn. Mais en France il suffit d'évoquer les déchirements de l'Occupation pour déclencher des orages et une guerre civile entre ceux qui auraient bien pensé s'ils en avaient eu l'âge à l'époque, et les autres qui en sont moins sûrs.

Sous la IVe République, on évitait de remuer des souvenirs encore mal cicatrisés. Puis de Gaulle, revenu au pouvoir, avait recouvert de sa légendaire vareuse kaki notre passé avec ses ombres et ses lumières. Etant l'Histoire à lui seul, et pour l'éternité, le Général nous épargnait les inutiles procès en révision et les règlements posthumes de nos dettes de guerre. Mais dès qu'il a eu tourné les talons, l'inusable querelle nationale a éclaté. Pompidou se voyait reprocher, par les gaullistes de la première heure, d'avoir passé la guerre à étudier Mallarmé au lieu de transmettre à Londres des messages codés ou de fabriquer de faux papiers. Un tel homme ne pouvait être qu'indulgence envers l'ex-milicien Touvier. Giscard, lui, n'encourait guère de reproches : question d'âge. A tout hasard, il disposait d'une photo sur laquelle on le voyait juché sur la tourelle d'un char de la Ire armée, quelque part entre Colmar et la Forêt-Noire. Mais les deux septennats de Mitterrand ont été encombrés en permanence par les différentes versions de son passé sous l'Occupation, ses amitiés pour des hommes tels que Bousquet, le grand rafleur du Vel' d'Hiv', ses justifications alambiquées, contradictoires, pitoyables. Peut-être ne retiendra-t-on, de son trop long règne, que sa francisque et son cancer.

Mitterrand est l'artisan de ses propres malheurs avec l'Histoire : à force de se prévaloir de son héroïsme dans la Résistance, d'en fournir tous les indices imaginables, il a semé des doutes dans lesquels il s'est englouti.

Il ne faudrait pas se plaindre des difficultés

répétées de la France avec sa mémoire, si cette affaire de biens juifs confisqués il y a cinquante ans ne se produisait alors que nos vieux démons xénophobes, racistes et antisémites se réveillent. J'entends déjà de bons Français – de ceux qui vous disent sans cligner de l'œil : « Je ne vote pas Front national, mais Le Pen a souvent raison » – s'enhardir et s'indigner en ces termes (que j'ai entendus dans une bouche supposée convenable) :

— Les Juifs seront toujours les Juifs. Même la mort de leurs parents dans les fours d'Auschwitz se compte en gros sous.

Par une improbable coïncidence, la compensation des réquisitions juives, décidée et annoncée d'une voix gouvernementale ruisselante de vertu, accompagne le renvoi de Maurice Papon devant la justice. De Gaulle n'ignorait sans doute pas les aléas de carrière de l'homme dont il a fait son préfet de police pendant une décennie. De la guerre d'Algérie aux barricades de Mai 68, il lui fallait un agent d'exécution sans états d'âme, sans interrogations rédhibitoires sur le bien et le mal. Papon devait se révéler, tout au long de ces années tumultueuses et incertaines, parfait. On va donc le juger pour des convois juifs commandés par Oberg et Bousquet mais non pour les noyades de « fellaghas » dans la Seine ou les matraquages meurtriers de Charonne auxquels il a également présidé.

Le gouvernement ne doute pas que les Français, après ce procès à grand spectacle, pour lequel on attend un nombre record de spectateurs, dormiront tranquilles. Peu importe qu'il en coûte la condamnation d'un vieillard décoré : dans dix ans, des touristes viendront fleurir sa tombe comme certains le font encore pour celle de Pétain à l'île d'Yeu. Pendant que la justice de Bordeaux aura fait admirer son appareil et son bras, nul ne songera à lui demander de s'occuper aussi des faux facturiers du RPR, des paradis fiscaux du PR, ou des caisses noires centristes. Voire de la belle-fille du garde des Sceaux.

C'est ce qui s'appelle gouverner.

8 février. Femmes.

Nos dirigeants politiques seraient-ils misogynes ? C'est à pleurer de rire. Il suffit de regarder, dans la salle des Colonnes du Palais-Bourbon, élus et ministres couver d'un regard gourmand le moindre jupon. Les observateurs, qui observent souvent la politique par le trou de la serrure, se délectent d'histoires d'amour à la hussarde dont certains ont même été les témoins oculaires. Il existait naguère une personnalité de dimension nationale qui entretenait, à Paris et dans sa circonscription, deux ménages apparemment légitimes : cela m'a coûté, au téléphone, un quiproquo à la Feydeau, les deux dames ayant la même voix chantante.

Nos trois derniers présidents de la République se sont taillé une réputation de séducteur qui les suivra outre-tombe. Henry Kissinger, connaisseur et praticien, a expliqué que le donjuanisme et l'exercice du pouvoir allaient de pair. Je connais un ministre qui, se croyant irrésistible, ne peut croiser une femme sans lui chuchoter de galantes propositions, ce qui amuse les belles derrière son dos. Que diable ! Lorsqu'on représente la France, on doit défendre l'honneur viril.

Mais il est vrai que les hommes, dans ce pays, préfèrent affronter les femmes ailleurs que dans les cénacles politiques. Il y a bien vingt ans que l'ostracisme dont les femmes sont victimes de la part de nos dirigeants est dénoncé, chiffres à l'appui. On a même caressé l'idée saugrenue de réécrire la Constitution pour combattre cet apartheid. Au quota de femmes dans la vie publique, il faudrait ensuite ajouter un minimum de mères de famille, puis un pourcentage de Noires, de blondes et de retraitées de l'enseignement. Il ne nous restera plus, à nous autres, qu'à militer pour la cause des mâles.

Il y a des femmes rompues aux subtilités de la politique, certaines même comme Simone Veil qui vous font plier les hommes en un tournemain. Il y a aussi d'aimables Bécassines : ce n'est pas un hasard si le Front national, à Vitrolles, a remplacé Mégret par son épouse mais seulement pour la photo, avec consigne de ne pas ouvrir la bouche. Mme Mégret a eu quelques centaines de voix de plus que son mari, à peine deux ans plus tôt. Pour la rappeler aux convenances, l'époux est allé prendre seul possession de la mairie de Vitrolles.

La veille de ce jour mémorable pour le féminisme d'extrême droite, les socialistes présentaient leurs candidats aux élections législatives, dont près de la moitié appartenant au sexe féminin. L'événement, annoncé par Lionel Jospin comme un défi à l'obscurantisme, s'est déroulé dans la salle de la Mutualité, en plein Quartier latin, où le mouvement social, progressiste, pacifiste ou libertaire a connu des décennies de meetings, dans les mâles odeurs de gauloises et de sueur.

Au premier coup d'œil, on voyait que les femmes étaient moins présentes et moins visibles que les hommes. Jospin embrassait toutes celles qui passaient à sa portée, mais distraitement, en camarade et non en séducteur.

Ce n'est pas Mitterrand qui aurait cédé à ces privautés gratuites.

Il y a un quart de siècle, Françoise Giroud, lorsqu'elle dirigeait *L'Express,* avait eu l'idée déplorablement humiliante de confier à des femmes la rubrique politique : « Elles auront les moyens de recueillir des confidences », avait-elle dit sans éprouver le besoin d'ajouter :

— Sur l'oreiller.

Reste une inégalité inexplicable : nous voyons beaucoup de jeunes femmes, journalistes, attachées de presse ou fonctionnaires, céder aux avances d'un ministre, parfois même l'épouser. On ne connaît pas d'exemple inverse.

10 février. Chronomètre.

Quand Chirac rencontre à Moscou un Boris Eltsine relevant d'agonie, un bulletin de victoire annonce que les deux hommes d'Etat ont eu « une heure et quart d'un entretien approfondi et fructueux ». La vérité oblige à réduire cette durée d'un bon tiers, le temps pour chacun des deux interlocuteurs d'écouter la traduction de son interprète. Cinquante minutes pour refaire le monde ? Chirac est revenu satisfait : il a pu vérifier que le maître du Kremlin était encore valide :

— Vous pensez, a-t-il dit avec envie. Il a parlé sans notes.

Juppé a réuni une table ronde, de forme indiscutablement rectangulaire, sur l'emploi des jeunes. Soixante-sept personnalités et treize ministres étaient invités : soit quatre-vingt-une personnes en comptant le maître de maison. La séance a duré six heures. En moyenne chaque intervenant disposait donc de quatre minutes et vingt secondes pour faire le tour de cette question érigée en priorité nationale.

On comprend pourquoi Juppé a dit, après le départ de son dernier visiteur :

— Nous avons évité les grandes phrases.

Comme deux syndicalistes ont prononcé des discours jugés « interminables », et sachant que le Premier ministre a présenté en détail ses propositions, combien de participants sont-ils restés muets comme des acteurs de complément ? La question ne sera pas posée.

13 février. Energumène.

Obèse, pantagruélique, la majorité est un bœuf de labour qui avance d'un pas lent, le front bas, sans daigner frissonner sous l'aiguillon. Les quatre cent soixante-cinq députés qui la composent, soufflant et souffrant ensemble sous le joug, sont faits du même moule, usent des mêmes mots, ont les mêmes réflexes aux mêmes moments. La vie de ce troupeau, avec sa hiérarchie impeccable, serait d'une désespérante et glaciale monotonie s'il n'y avait quelques individus pour assumer la dose de singularité nécessaire à toute collectivité. Dans la majorité, le plus connu est Pierre Mazeaud : comme par une loi organique, tout lui est pardonné, ses sarcasmes, ses colères, ses clameurs. Il a servi sous le Général, et livré ses premières batailles dans le peloton de Chirac.

L'autre animal indocile réserve ses éclats aux initiés : c'est Etienne Garnier, député par intermittence, de la même génération que son compère, celle qui tutoie le président et, par automatisme, le Premier ministre ainsi que tout le monde politique sans distinction d'âge, de sexe, d'idéologie ou de groupe. Sa place naturelle est à table : il faut le voir étudier la carte pour tenter d'imaginer de quoi sera fait un bar en écailles de rates à la fleur de courgette, puis juger d'un vin avec le nez et les yeux, pour apprécier sa conversation. Un homme qui se tient à table, comme on dit en France, mérite d'être pris au sérieux. Garnier a la voix rauque, mais forte, le geste ample du tragédien, une communicative bonne humeur jusque dans ses imprécations. Quand il dit d'un bordeaux qu'il est bon, ou d'un ministre qu'il est con, c'est avec un sourire, des modulations, une façon de soigner les consonnes qui expriment toutes les nuances d'un jugement longuement mûri.

Garnier est dans ses bons jours : meurtrier.

Récemment, il a rencontré Chirac et, en sautant les salamalecs, il lui a dit pourquoi les gens, dans sa circonscription, étaient déçus. Chirac a explosé, sachant qu'un parlementaire prête toujours à ses électeurs ses propres réactions.

— Ah, toi aussi ? Vous me les brisez, tous tant que vous êtes. Je n'entends ici que des jérémiades de gonzesses mal baisées. C'est pas avec ça que nous redresserons le pays, que nous ferons bander les gens !

Garnier n'a pas besoin de sous-titres pour comprendre la langue chiraquienne, dans laquelle les testicules remplissent une fonction emblématique. Lui-même pratique une variante. Le style de l'actuel président ne fait plus rougir les nymphes des plafonds de l'Elysée, ni ses collaborateurs des deux sexes, tous habitués depuis longtemps à ces invocations aux appareils géniteurs. Un linguiste de mes amis travaille sur cette matière depuis plusieurs années. D'après lui, si Chirac ne fait que lire des notes, d'une mâchoire crispée et d'une articulation mécanique, c'est qu'il se défie précisément de sa tendance à parler en coups bas, sous la ceinture. Pour ma part, j'estime que si les Français entendaient Chirac user de son langage naturel et quotidien, une poignée de dames patronnesses seraient sans doute choquées mais la majorité des Français y verraient la fidélité à une ancienne et rabelaisienne tradition, selon laquelle un chat s'appelle un chat, si vous voyez ce que Chirac veut dire.

Garnier laisse passer, en connaisseur, cette giboulée. Chirac a la colère saine et brève, au contraire de Juppé chez qui elle est renfrognée. Le pensionnaire de l'Elysée finit par écouter son visiteur, puis l'interrompt sous prétexte d'une obligation :

— Ecoute, Etienne, fais-moi une note. Je la lis et nous nous revoyons très vite.

Un peu plus tard, Garnier est reçu à Matignon, à une heure où toute la société politique s'égaille dans les restaurants de la rive gauche. Juppé s'est fait servir un plateau sur son bureau. Il ne mange pas, il pioche, tout en écoutant le député comme on le lui a recommandé, sans mépris ni protestation. Il prend même quelques notes et conclut enfin, la bouche à moitié pleine :

— C'est intéressant. Très. Je vais réfléchir. Il faut nous revoir très vite...

Garnier n'ose pas ajouter :

— ... et se faire une bouffe.

Il me raconte la scène, avec un peu de rigolade au coin de l'œil. Sa réputation est de jouer, dans la majorité, le rôle du bouffon. Il le sait. Certains de ses jeunes collègues croient qu'il plaisante – sans apercevoir, sous la verdeur des mots et le pittoresque des formules, les fragments de sagesse populaire. Garnier est quelquefois applaudi mais jamais entendu. Etre seul contre tous lui procure une indicible ivresse.

13 février. Poids.

Un jour, Barre s'est moqué en public de nos Eliacins : selon lui, il fallait afficher un minimum de poids – le poids des ans et celui qu'accuse la balance, le poids de l'expérience et des diplômes universitaires – pour pouvoir prétendre occuper une place sur la scène politique. Les années ont passé depuis cette boutade dont beaucoup de Français, qui n'ont pas lu *Athalie*, n'ont pu goûter la saveur. Barre a pris encore davantage de poids, il est maire de Lyon : une fois par semaine, il s'en vient sommeiller sur les bancs de l'Assemblée, et à Davos, où se réunissent les personnalités qui font autorité en matière d'économie, il répète son cours depuis bientôt vingt ans.

Pendant ce temps, les Eliacins font leur chemin, à l'image de Philippe Douste-Blazy, médecin de son état, qui est devenu ministre de la Culture parce qu'il était le moins qualifié pour ce poste. Nos dirigeants adorent adresser des pieds de nez aux intellectuels et ce Docteur-Eliacin s'est trouvé disponible à point nommé. Comme neuf Français sur dix, Chirac ignorait qu'il avait été le porte-parole de campagne de Balladur, fonction dans laquelle il n'a, de toute évidence, guère réussi. Le ministère de la Culture, dans notre pays où le moindre commis d'Etat doit prouver qu'il a lu Proust et Chateaubriand, est beaucoup plus qu'une fonction : une reconnaissance. Seules des personnes d'envergure en ont été dignes, de Malraux à Lang en passant par Jacques Duhamel. A part Denis Tillinac, gentil écrivain corrézien, il n'existait aucune personnalité culturelle de poids dans la galaxie chiraquienne. Le docteur D-B a le mérite de reconnaître que sa promotion est le fruit des circonstances. En réalité, Chirac a dû se dire, dans le langage qui est le sien :

— Les intellos, je leur pisse à la raie. On va leur envoyer ce marmouset.

Jack Lang, qui se croit ministre de la Culture perpétuel et qui est d'ailleurs traité ainsi à l'Elysée, ne s'est même pas aperçu que le choix de cet angelot était pour lui un camouflet. Il y avait eu déjà Toubon, dont les bourdes faisaient les choux gras des Guignols de Canal Plus : jusqu'où descendrait-on ?

Au début, Douste-Blazy rasait les murs. Les Eliacins, comme celui de Racine, possèdent l'art de l'humilité. Celui-ci prenait conseil de tout ce qu'il y a à Paris de soi-disant culturel. L'essentiel était de pouvoir distribuer des bises aux vedettes de magazines et d'assister aux soirées de gala dans un smoking comme on n'en trouve pas à Lourdes, la ville presque sainte dont le docteur D-B est maire, les Lourdais ayant renoncé au péché d'élire à la magistrature municipale un radical de l'école anticléricale.

Quand les hommes politiques sont propulsés dans l'univers étoilé du spectacle et du maquillage, ils connaissent les éblouissements de M. Le Trouhadec saisi par la débauche. Ni Giscard ni Chirac n'y ont échappé — et ne parlons pas de Mitterrand. Nous avons tous été, ma foi, époustouflés lorsque le président de la République, recevant Johnny Hallyday dans son palais pour le bombarder chevalier de la Légion d'honneur, a tiré une feuille de sa poche et lui a lu ce compliment, fruit d'une vertigineuse analyse :

— Johnny, tu es un génie.

Douste-Blazy, finaud, n'avait pas attendu cette leçon chiraquienne pour deviner qu'il ne devait pas chercher à manier le verbe comme Mitterrand ou comme Malraux. Malheureusement, la fonction qui lui est dévolue ne se limite pas à répartir des subventions. Ce ministère est celui de la parole, de l'exaltation lyrique de la liberté.

Ses ennuis ont commencé avec l'élection de trois disciples de Le Pen dans le Midi, l'arrivée dans le Var d'un préfet nommé Marchiani qui, ayant débuté dans la barbouzerie, ne pouvait que nouer des relations de fraternité d'armes avec le Front national. Gentil D-B s'est trouvé écrasé comme un vermisseau entre l'extrême droite lepéniste et toute la culture française, que l'on peut appeler intelligentsia puisqu'elle a bu le lait marxiste au biberon. Par-dessus le marché, le gouvernement versait l'huile sur le feu avec un projet de loi sur l'hébergement des immigrés, sans se soucier une seconde des tragédies de conscience qui en résulteraient pour l'Eliacin de la Culture.

De soir en soir, on voyait celui-ci, dans son

costume de vicaire des beaux quartiers, promener sa mélancolie souffreteuse sur les écrans de la télévision, face à des gens qui l'invectivaient en riant, comme font les gamins pour le chouchou de la maîtresse.

Mais le docteur D-B n'est le chouchou de personne. A force d'applaudir la musique rap des banlieues, il finira même par se fâcher avec son pieux électorat lourdais. Son âme d'Eliacin doit être parfois allumée de terribles incendies. Un soir, il est venu à la télévision pour y être la vedette d'une émission politique. Pour ouvrir le feu, avant les déclarations du ministre, un bref reportage filmé le montrait au milieu de ses chers Lourdais. L'un d'eux badinait, admirant le petit docteur d'être passé de Balladur en Chirac, et demain de Chirac en... Douste-Blazy était sorti du studio avec une colère retenue qui lui blêmissait le visage. Ne sachant sur qui taper, il s'en était pris à son attachée de presse – ce qui était plus aisé que de se battre avec le préfet Marchiani.

Ce n'était là qu'une anicroche auprès des tempêtes nationales dans lesquelles notre Eliacin-ministre était ballotté, chahuté, sa pauvre tête sortant parfois de l'écume des vagues, avec son miraculeux sourire d'ange sous l'auréole de la mèche noire.

14 février. Fromage.

Toute élection qui se respecte est précédée, des mois durant, par la bataille des investitures : elle se déroule à huis clos, en principe. Mais on a peine à imaginer le nombre de haines mortelles et de destins fracassés dans l'œuf que cette sorte de guerre provoque. En outre, de nos jours, les sondages d'opinion constituent une arme meurtrière. Un vaincu de l'investiture pourra toujours tirer de sa poche en dernière minute ce bazooka politique pour réduire en cendres son vainqueur.

Dans la nuit du 13 au 14 février, la douce ville de Dole (quinze mille électeurs) regardait la télévision avant de s'endormir sous ses édredons, sans se douter qu'une de ces sanglantes batailles d'investiture se déroulait sous ses fenêtres dans le local attitré des socialistes.

L'affaire s'annonçait si rude que Lionel Jospin avait dépêché à Dole un de ses meilleurs lieutenants, Pierre Moscovici, un énarque de quarante-neuf ans, détenteur d'un fief électoral jusqu'à présent incontesté dans le département limitrophe du Doubs. Mosco appartient à l'espèce des Fabius et autres Giscard jeunes, mais il est fils de psychanalyste, caractéristique non négligeable pour la mission de haute confiance dont son chef l'a chargé. Voilà donc notre homme parti en train, sa serviette bourrée de dossiers d'une main et son téléphone portable de l'autre.

Quand il débarque, la levée des boucliers a déjà débuté. La direction nationale du parti socialiste a décidé, au terme d'une négociation digne de celle qui a mis fin à la guerre du Vietnam, d'offrir cette circonscription jurassienne à la pasionaria verte Dominique Voynet. Je vous ferai grâce des arguments dont les oreilles de Mosco ont été criblées jusqu'à une heure avancée de la nuit, et qui ne relevaient pas tous de l'analyse politique mais sombraient parfois dans la gaudriole.

Pour se donner des forces, les belligérants et l'envoyé spécial de Jospin se gavaient d'une spécialité locale, la cancoillotte, un fromage fait de lait caillé et de beurre à demi cuit dans du vin blanc. Il faut plusieurs générations de Francs-Comtois pour fabriquer un estomac capable d'ingurgiter, avec le renfort obligé de vin d'Arbois, ce solide produit de la culture locale.

Celui de Mosco ne pouvait supporter le choc, entraînant dans sa débâcle l'intestin, le foie et le bulbe cervical. A une heure incertaine de la nuit, des camarades compatissants ont déposé le pauvre garçon dans un hôtel deux étoiles de Dijon.

Quelques heures plus tard, il était de retour à Paris pour rendre compte de la bataille à Jospin. Rapport laconique :

— Ça s'est très mal passé, dit-il en se tenant le ventre à deux mains.

Mosco devra retourner à Dole pour une seconde manche. Il cherche le moyen d'éviter le piège de la cancoillotte.

14 février. Citation.

Lue dans la presse, cette phrase lancée par Chirac en guise de salut à un citoyen de sa connaissance :

— La santé, ça va ? La tête ? Les yeux ? Le crayon ?

18 février. Déchéance.

Il faudrait être au moins Victor Hugo pour chanter comme il convient l'héroïque tragédie de ces hommes qui ont vu d'un rien, d'une distraction des zéphyrs providentiels, la présidence de la République leur échapper. Nous en avons deux sous les yeux, qui survivent par on ne sait quels prodiges de stoïcisme : Rocard et Balladur. Leur même sacrifice, sur les autels d'une démocratie aveugle et ingrate, est bien leur seul trait commun. Ces deux célèbres martyrs ne se ressemblent nullement, et je ne suis pas sûr qu'ils se soient serré la main plus de trois fois.

Rocard après l'épreuve demeure obstinément crépitant, les mots sortent de sa bouche en une bouillie grumeleuse dont une rentière de Carpentras ne pourrait saisir qu'une phrase sur dix. Cette frénésie lui donne un faux air de gaieté : les cinq cigarettes qu'il fume à l'heure l'enveloppent d'un perpétuel nuage derrière lequel il jaillit de temps à autre en faisant entendre un petit rire de crécelle. Balladur, lui, garde une majesté de roi en exil, de souverain sans empire cherchant sous ses chaussures à boucles le tapis rouge qui lui a été retiré. Il ne rit pas, il n'a jamais ri – tout juste un petit sourire qu'il vous accorde parfois à regret, signe d'une éducation parfaite dont il ne s'est jamais évadé. Les deux hommes sont à peu près du même âge mais veillent à n'offrir aux regards aucun désenchantement, pas même de rides.

Balladur était président en janvier 1995 ; il ne l'était plus un mois plus tard. Mais il connaît le nom du responsable de cette bévue du Destin : Pasqua. Il le révèle comme une évidence, de sa voix unie, avec une courtoisie grand-bourgeoise. Si Pasqua ne s'était pas livré à une médiocre opération de flic de banlieue, rien n'aurait pu stopper Balladur dans son ascension irréfrénable vers l'Elysée. Rocard est tout aussi catégorique : sa longue marche présidentielle s'est heurtée brutalement à la peau de banane Tapie placée sous ses pas par le diabolique Mitterrand.

Avec une bravoure que reconnaîtront les générations futures, Balladur et Rocard ont écarté la pêche à la ligne ou la peinture à l'eau pour se consacrer à des petits boulots de parlementaire de base. Mais ils s'efforcent – parfois avec succès – de donner le change et de laisser croire que le monde entier frappe à leur porte

pour leur réclamer des avis, des leçons, des jugements. A n'importe quelle heure du jour, ils se
montrent débordés comme s'ils étaient entre
deux voyages d'Etat. Rocard, outre ses travaux
sur le désarmement et une commission au Parlement européen, est assailli de demandes
d'audience d'étudiants, d'historiens, de journalistes, tous étrangers :

— Les Français, dit-il d'une voix qui vibre à
peine, oh ! n'étant plus présidentiable, je ne les
intéresse plus.

Balladur n'a pas encore fermé sa porte : il
effectue des visites en province ou à l'étranger,
organisées par des amis compatissants, de ces
visites qu'en termes de protocole on appelle
« d'Etat ». Il conserve ainsi toutes ses illusions et,
deux mercredis matin par mois – à l'heure où
Chirac préside le Conseil des ministres à l'autre
bout des Champs-Elysées –, il réunit ce qui lui
reste de cour. La table de travail de Rocard est
envahie de dossiers, de revues, de parapheurs.
Celle de Balladur est vierge du moindre grain de
poussière, avec une demi-sphère en or qui attire
le regard :

— C'est, explique-t-il sûr de son effet, c'est...
mais vous avez déjà deviné, non ? C'est le mou-
lage d'un sein de Pauline Borghèse.

Il ajoute aussitôt, pour que votre imagination ne s'égare pas :

— Un cadeau de ma femme.

19 février. Dramaturgie.

Chirac ne cesse d'appeler les Français à se mobiliser : les préfets ont été convoqués à l'Elysée et y ont reçu la mission de diffuser partout le décret présidentiel, chez les employeurs, les maires, les chômeurs et tous les professionnels de la bonne volonté. Que tout ce peuple quitte enfin les bistrots et les chaumières, les couettes, les cuisines, les agences pour l'emploi où il ne fait que ruminer son pessimisme !

La gauche lui a répondu : non pas le peuple mais l'aristocratie de la gauche, gauche caviar et gauche paillettes, gauche pub et gauche fric, gauche des notaires et gauche catho. Et voici son diagnostic : pour la défense de la République, des droits de l'homme et du citoyen, les Français sont prêts à descendre demain dans la rue, et à monter après-demain sur les barricades de Gavroche que notre pays rêve de temps en temps de reconstruire. Aux armes, citoyens : de notre ruisseau de gauche naîtra bientôt un fleuve qui balaiera sur son passage tout le rebut de nos égoïsmes conservateurs.

Au milieu de ce fragment de peuple qui prétend à lui seul ressusciter l'Histoire ou la Révolution, un homme reste pied à terre : Lionel Jospin. Au lieu d'appeler à la résistance et la désobéissance, le chef de la gauche parle juridique et constitutionnel. Nous ne sommes pas en mai 1968 et les Français, cette fois, n'ont pas de raison de faire la fête.

Jospin n'aime pas le drame. Peut-être en a-t-il peur. Il ne sait pas (pas plus que Giscard en son temps) combien notre histoire est tragique, ou du moins théâtrale, ni ce qu'il faut à notre peuple de passions proclamées pour lui permettre de supporter la grisaille des jours.

Ce n'est pas que Jospin manque de bonne volonté : au contraire, on dirait un chef scout. Il s'efforce de dire la vérité, de ne jamais franchir les limites du raisonnable, de dédaigner les mots qui enflamment. Tenez, lorsqu'il participe à une quelconque manifestation, il a l'air de suivre un enterrement. Il lui manque l'expérience du drame, dont Mitterrand jouait avec une virtuosité enivrante. Sans dramaturgie, la politique ne peut espérer recueillir les applaudissements. La gauche, de Gambetta à Blum et de Jaurès à Mitterrand, a toujours eu besoin de bêtes de théâtre et de mise en scène pour offrir à son peuple ce qu'il attend d'elle : sa part de rêve. Avec Fabius, Rocard, Jospin elle dispose aujourd'hui d'acteurs modestes et scrupuleux comme il y en a à droite par poignées. Mais où est son monstre sacré ?

Interprète de sa propre dramaturgie, Mitterrand transformait par le souffle des mots, par l'imprévu des gestes, ses mensonges en vérités, ses haines en caresses et ses menaces en espoirs. Qu'ils récusent ou non son héritage, les socialistes sans lui sont privés de représentation. Les trois dernières années de sa vie, Mitterrand les a consacrées, avec une science de tous les instants, à transformer sa maladie en sacrifice rituel.

Plus encore que son dernier Noël qui a été conté comme une légende, son ultime Conseil des ministres socialiste, après les élections de 1993 désastreuses pour son camp, donne l'exacte mesure de son génie théâtral. Il commença par saluer, remercier ces hommes et ces femmes qu'il avait si souvent méprisés. Il fit venir des larmes aux yeux de quelques-uns — peut-être des larmes de scène, après tout. Puis, il leur souhaita un peu de bonheur, à eux qui allaient partir délivrés de toute charge. Lui, resterait ici, seul, à combattre contre ces ennemis si nombreux, oui seul contre la horde de droite.

Enfin il dit, avec une calme certitude qui fit frissonner ses ministres :

— Oh! Je les connais, ces gens : ils feront tirer.

20 février. Fils.

Jean-Louis Debré est le modèle réduit de son père, ce qui lui vaut toutes les indulgences du RPR. Michel Debré est mort l'été dernier, dans ce pays des bords de Loire dont il n'avait jamais pu tirer des orages malgré ses imprécations. Mais il était mort depuis vingt-sept ans, depuis que de Gaulle, désavoué par référendum, avait laissé les Français à leurs gauloiseries et ses disciples à leur « petite soupe ». Jean-Louis a des colères et des chagrins dont nul ne perçoit l'écho. C'est un fils qui a forcé rudement sa nature pour se montrer digne héritier.

Comme son père, il cache sous des allures revêches un vrai fond d'affectivité. Il porte autant d'intérêt aux personnes qu'il redoute les masses en mouvement — sans être pourtant capable de « faire tirer » sur elles. Il a scrupuleusement respecté tout ce que Michel attendait de lui : il a étudié le droit, appris l'histoire, voué un culte au « Libérateur » et à la Constitution, et donné à la France trois enfants patriotes — soit le minimum au-dessous duquel, selon son père, on est un parasite. Dînant un jour, en compagnie de ma femme, qui venait d'accoucher de notre deuxième enfant, avec Michel Debré, et Michel Tournier tout glorieux d'un récent prix Goncourt, l'ancien Premier ministre m'avait lancé le plus sérieusement du monde :

— A quand le troisième ?

Tournier était intervenu :

— Laissez-leur le temps de finir leur repas.

Il n'avait pas ri. Chez les Debré, on ne déborde pas d'humour : c'est le devoir d'Etat qui l'emporte sur tout, et il est rarement risible. Quand Jean-Louis est devenu ministre de l'Intérieur, quand il a débaptisé la grand-place d'Amboise pour lui donner le nom de l'auteur de ses jours, Michel a su qu'il ne lui restait plus rien à espérer de l'existence.

Fidèle comme un mamelouk à Chirac, Jean-Louis Debré est sujet aux colères, aux chagrins

et aux démissions qui ne tirent pas à conséquence. Il continue de porter, aux amis de Balladur, une aversion que nul ne lui demande. Il
échafaude des projets de loi si tarabiscotés qu'on
peut toujours y trouver non le meilleur mais le
pire. Il a aussi la rancune chevillée au corps,
handicap sérieux pour réussir en politique. Suc-
cédant à Charles Pasqua, dans une fonction qui
est le tombeau des hautes ambitions, il pense se
faire un nom dans les charters d'immigrés clan-
destins. C'est une spécialité dans laquelle il y a
peu de concurrence.

Longtemps, les caricaturistes ont représenté
Michel avec un entonnoir en guise de couvre-
chef. Jean-Louis a grandi avec cette image de
son père sous les yeux. De là vient sa vocation
irrésistible à l'impopularité. Il est en train de
gagner son entonnoir.

22 février. Fille.

Pour Hemingway, Paris était une fête, mais
c'était dans les années 20, ces années qui ten-
taient d'effacer, dans la folie, les grandes bou-

cheries franco-allemandes. Ou encore au printemps 1945, un vrai printemps illuminé par un soleil pâle et tremblant qui va si bien à la capitale, de Montparnasse à la place Vendôme. Après quatre années de nuit, de glace et de honte, Paris avait bien le droit de danser, de chanter et − ce qui intéressait le plus Hemingway − de boire. Aujourd'hui, plus de fête : mais, de temps à autre, cette ville besogneuse, grincheuse, arrogante, qui élabore et détruit les modes en un éclair, et que jalouse le reste du pays, s'accorde quelques heures − voire quelques jours en mai 1968 − de défoulement. Ses habitants, qui sont les plus individualistes du monde, jouent alors à s'enlacer et à s'embrasser, puis retournent, avec une confondante discipline, à leurs habituelles aigreurs. Paris a blanchi ses murs, redoré le dôme des Invalides, poncé les façades du Marais, mais, comme une marmotte, Paris s'endort l'hiver pour ne se réveiller que lorsque les femmes ont à nouveau les jambes nues. Il y a bien, de temps à autre, de belles manifestations de rues par lesquelles Paris rappelle sa splendeur passée, le temps où elle s'arrogeait le droit d'écrire notre histoire.

A part le rituel du 14-Juillet, qui périclite avec lenteur, Paris s'est accordé encore une fête en mai 1995 (rien à voir pourtant avec celles que vécut Hemingway) quand son maire a été élu président de la République, revanche sur trois Républiques de présidents venus d'ailleurs. Il faisait si beau ce soir-là, le RPR avait fait ruisseler tant de musiques et de lumières sur la place de la Concorde – comme les socialistes l'avaient fait quatorze ans plus tôt à la Bastille, à chacun son quartier de noblesse – que c'eût été pitié de ne pas en profiter. Des jeunes gens plutôt bien vêtus criaient : « on a gagné » et nul ne songeait à les priver de leurs juvéniles illusions.

Chirac est, comme la majorité des Parisiens, un pur produit de la France conservatrice et rurale, cette France de jadis, assoupie autour de ses clochers dont Mitterrand s'était proclamé le champion sur ses affiches électorales de 1981. Son sacre de maire de Paris est la conséquence de coups de poker, heureux ou non.

Quand Giscard est arrivé à l'Elysée, deux de ses sous-lieutenants, Jacques Dominati et Pierre-Christian Taittinger, lui ont suggéré d'offrir un maire à la capitale. Depuis Etienne Marcel, tous les monarques y compris républicains s'y étaient refusés de peur de procurer à Paris un porte-parole à ses frondes, ses caprices, ses colères. Les deux hommes rêvaient de cette fonction emblématique.

Giscard acquiesça. Mais, avec le machiavélisme qui est la marque d'un homme d'Etat, par élémentaire précaution, il choisit pour candidat le premier de ses fidèles, Michel d'Ornano. Et il avança un argument irréfutable :

— Un boulevard parisien porte déjà son nom.

Le choix présidentiel, communiqué au bon peuple de Paris avec une majestueuse condescendance, inspira à Marie-France Garaud et Pierre Juillet l'idée, apparemment folle, de la candidature de Chirac : lui-même, tout à sa docile Corrèze, fut d'abord effrayé. Mais il obéit. On connaît la suite.

Le souverain-maire, une fois élu, regarda la ville et sa population d'un œil circonspect : il fallait se méfier de ce volcan en demi-sommeil. En mai 1968, quand Paris prit feu et flamme pour une cause obscure, Chirac recommanda aux autorités corréziennes de confisquer les radios dans les écoles, de crainte d'une contagion.

Pompidou, à la même époque, disait :

— Paris est une fille.

Exact : fille des rues, fille de joie, fille légère qui brûle un jour pour Pétain et trois semaines plus tard pour de Gaulle, qui s'amourache du premier venu, pourvu qu'il ait la poignée de main facile et du bagou. Et la bise généreuse.

Cette fille, la voilà dans la rue en ce samedi de février, de la gare de l'Est où débarquèrent tant de ses enfants, jusqu'aux abords de l'Hôtel de Ville, pour la défense des immigrés. C'est une après-midi à ne pas manquer, de celles qui font fondre le cœur des Parisiens, tiède, claire, ragaillardie par un vent en demi-teinte. Les plus vaillants sont en bas, au milieu des enfants, des pancartes et des joueurs de tam-tam. Les autres au balcon. Combien d'entre eux défilaient déjà dans la rue, le soir de mai 1995 ?

A Paris, ce sont les jeunes, garçons et filles, étudiants et employées de magasin, qui donnent le ton. La capitale vit sous l'empire de leurs révoltes fugitives.

Demain, s'il fait encore beau, les mêmes pousseront jusqu'à la porte de Versailles où se tient le Salon de l'agriculture : après les Maliens, les Marocains, les Cambodgiens viendra le tour des charolaises, des percherons, des poulets de Bresse. Comme dirait Jean-Marie Le Pen :

— Toujours une histoire de races...

25 février. Palais.

Depuis qu'à l'Elysée trône un monarque et non une potiche, les querelles et les conspirations y forment la trame des jours. Au premier étage, dans le grand bureau qui retentit des prophéties de De Gaulle et des sarcasmes de Mitterrand, le président est à l'abri du clapotis des corridors. Point d'éclats de voix ni d'explosion : rien que l'écho, délicieusement colporté, des affrontements entre les uns et les autres.

Comme toute cour, celle-ci est organisée selon une hiérarchie changeante et implicite. Maurice Ulrich, le patriarche, a l'air d'assister avec une sage indifférence aux jeux d'influence qui se déroulent sous ses yeux. S'il n'occupe pas le rang le plus élevé, il est sans conteste le plus ancien des confidents chiraquiens. Il touche un peu à tout, aux médias, aux nominations, aux rapprochements discrets, mais du bout des doigts, en dilettante. Jacques Pilhan a l'importance qui s'attache aux transfuges, aux convertis, à ces gens qui ont un jour franchi le Rubicon pour des raisons demeurées mystérieuses.

Le palais a son hôte et, bien entendu, son maire : c'est Dominique de Villepin, aristocrate et énarque, diplomate et chef d'état-major, aussi grand mais plus mince que son maître, le cheveu gris et la main fine. Il exerce son pouvoir avec des accès de violence et même de cruauté, une idée de la France dépourvue de nuances, un vigoureux caractère teinté d'un peu d'humour. Du moins ne le soupçonne-t-on pas de régler des comptes avec une société qui n'est pas tout à fait la sienne, ni de satisfaire quelque désir de revanche sociale. Il ôte à Chirac les soucis de la ville, veille à ce que les investigations judiciaires n'éclaboussent pas les marches de l'Elysée. Poète à ses heures, il s'en flatte, pour atténuer un peu la rudesse de ses ordres. Il a la confiance du souverain et une ambition qualifiée de vertigineuse. Avec Pilhan, petit parvenu provincial que s'arrachent tous nos grands hommes d'affaires et qui est passé d'un prince à l'autre pour conserver sa puissante clientèle, les relations ne pouvaient qu'être exécrables. Le sont-elles autant qu'on le dit ? Ce serait trop beau.

Dans la galaxie mouvante de l'Elysée, Claude Chirac est naturellement hors cadre, au-dessus des lois et des hommes.

Quand Chirac se déplace, elle l'accompagne

souvent, l'oreille au portable, l'œil aux aguets, aussi trépidante que le fut son père du temps de Giscard. On la plaint : elle s'est sacrifiée à cet homme qu'elle ne peut appeler papa, à moins qu'il ne l'ait sacrifiée, nouvelle Antigone, à ses remords de n'avoir pas su assumer le simple bonheur de ses filles. En public, ils se parlent des yeux sans qu'on ait jamais pu déceler dans l'échange de leurs regards une ombre de complicité amusée. Claude Chirac s'acharne à n'être que professionnelle, comme s'il lui était demandé de légitimer sa présence à l'Elysée.

Certes, Mitterrand avait nommé auprès de lui, et à une fonction également considérable, son fils Jean-Christophe. Mais on peut critiquer, contester, négliger un garçon : pas une fille.

Le népotisme est peut-être un héritage de notre Ancien Régime, encore qu'on l'ait beaucoup pratiqué naguère, dans les pays de l'Est. Claude sera attaquée lorsque le règne de son père amorcera sa chute. Il lui reste du temps. Pour l'heure, les limites de son pouvoir sont inconnues. Elle a le jugement à l'emporte-pièce, range d'un côté tous les individus qui aiment Jacques Chirac sans discussion, et situe les autres dans une région sulfureuse dont elle se tient écartée. Elle incarne la modernité du chiraquisme, comme mère célibataire (fille mère serait inconvenant pour l'héritière du monarque) figurant à l'organigramme de la présidence. Monstrueux pied de nez à la France d'hier, respectueuse des sacrements, qu'incarne la première dame du palais, sa mère.

On a frissonné lorsqu'on a entendu Bernadette Chirac déclarer que deux femmes d'influence à l'Elysée, c'était évidemment une de trop.

26 février. Bristol.

Graves et pomponnés, six ou sept journalistes s'en vont déjeuner à l'Elysée. Je les regarde partir, un bristol calligraphié à la main, affichant l'air blasé des habitués de ces mondanités — ce qui est d'ailleurs leur cas. Eprouvé-je au fond du cœur un indicible soupçon d'envie? On n'apprend pas grand-chose dans ces agapes présidentielles. Mais c'est une manière de reconnaissance sociale, un brevet d'importance. Ajoutez aux invitations une croix du Mérite, voire un ruban rouge, et vous êtes un journaliste parvenu au sommet, un pontife pontifiant.

Il y a quinze ans que je ne suis pas allé déjeuner chez le président. Mais je ne l'ai pas volé ! La dernière fois, à l'automne 1981, j'étais placé à côté de Mitterrand et j'allais succomber, moi aussi, à cette manie qu'ont les « grands » journalistes de donner leur avis sur tout au lieu de questionner leur hôte. Mais comme la conversation roulait sur la semaine des trente-neuf heures payées quarante, le vin aidant, je me mis à glousser et à hausser les épaules. On me raya de la liste des personnes recevables. Les gens de Chirac n'ont pas jugé utile de m'y rétablir et ils ont bien fait. Je ne suis pas obligé de payer mon écot par une gracieuseté.

Chirac a peur des journalistes, à cinq ou six exceptions près, et il préfère déjeuner en bonne compagnie. Aujourd'hui, outre les habitués dont la France entière connaît les noms, Chirac accueille le directeur du *Monde*, Jean-Marie Colombani, avec qui il est fâché, plus que fâché. Il ne lui adressera qu'à peine la parole au long du repas, afin que l'autre n'aille pas imaginer que les nourritures élyséennes signifient absolution.

Ce qui manque à Chirac, pour intéresser la

presse, c'est le mystère. Il est évident de bonne volonté, jusque dans ses mensonges qui sont moins cyniques que ceux de Mitterrand. La fonction présidentielle ne l'a pas transformé – et les Français lui en savent gré. Il continue d'engloutir son repas à un train d'enfer, en balayant entre deux bouchées l'écume de l'actualité. La pire insulte qu'il ait trouvée, c'est le qualificatif « irresponsable ». Il s'en sert à tout bout de champ, à l'intention des « gauchistes » du parti socialiste qui débordent le pauvre Jospin, des intellectuels parisiens qui ignorent la France réelle (celle de Maurras ?), y compris le Corrézien chiraquien Denis Tillinac coupable d'avoir dit que le programme du Front national valait à 70 % celui du RPR. Oh ! celui-là ne moisira pas longtemps dans la disgrâce. Chirac sait mieux que quiconque qu'il n'y a pas de brouille en politique, tout au plus des égratignures... Clemenceau, voyant deux parlementaires se chamailler à la buvette de l'Assemblée, s'amusait :

— Qu'est-ce qui les sépare ? Leurs idées ? Ils en ont si peu...

Pour l'actuel président, seuls les mots blessent, et ils s'évaporent vite. Est-il seulement capable de cette rancune qui est le propre des princes ? Parlant du Front national, il explique à ses invités que François Mitterrand s'en est servi pour déchirer la droite :

— Mais, ajoute-t-il, dans cet exercice d'école, il s'est montré virtuose.

Avec des journalistes, il s'oblige à raboter son langage. Le mot « connerie » lui vient à la bouche, mais il dit « maladresse ». C'est sans doute cet effort qui lui tire la commissure des lèvres dans une grimace de sourire.

A la presse, il faut servir, disait de Gaulle, un peu de « ragoût » ; Chirac raconte au dessert sa visite à Eltsine :

— Devant moi, il a lampé au moins un litre et demi de vin blanc. Il m'a confié que les médecins lui avaient interdit la vodka.

26 février. Pénitence.

Tandis que se déroulent ces badineries, je déjeune – d'une tête de veau ! – dans un bistrot qui sent la France profonde, dans le quartier des ministères avec le sénateur Haenel. Cet Alsacien ressemble au chancelier Kohl, comme Castor à Pollux, mais il n'y met aucune coquetterie. Par respect pour un voisin allemand qu'il admire, tout juste surveille-t-il – un peu – sa ligne. Je l'aime bien, Haenel : il a le culte de la Justice, du Droit, de la Loi aussi chevillé au corps que le député Mazeaud. Il peste contre les manipulations de juges, les étouffements de procédures et les intimidations de procureurs. Cette colère l'habite depuis des années, au point d'écraser en lui les ambitions ministérielles que caresse tout parlementaire digne de ce nom.

Le ministre de la Justice ne lui adresse pas la parole, celui de l'Intérieur répond à peine à son courrier. Et Chirac?

— Oh, pour lui je suis un juriste : je ne compte pas.

Le repas file, ponctué par les mélancoliques indignations du sénateur alsacien. C'est bon de se retrouver entre proscrits.

27 février. Remontrance.

Au moment de monter dans le train, Lionel Jospin était déjà maussade et renfrogné. Il se plongeait dans des dossiers pour ne jeter un œil ni sur le ciel bleu qui donnait à ce déplacement une couleur de vacances, ni sur les journalistes entassés dans le même wagon. Mais il y avait de quoi pester in petto : au sortir d'une mauvaise passe, qui avait vu les socialistes perdre Vitrolles au profit du Front national, et lui-même critiqué, moqué, conspué par les croisés du droit des immigrés, il se rendait à Orange, ville passée à l'extrême droite, et dans le nord du Vaucluse, là où Le Pen projette son ombre d'épouvantail. Le voyage était prévu depuis longtemps. Le chef des socialistes ne pouvait se dérober.

Jospin ne se déboutonne pas facilement. C'est un protestant réservé, secoué de temps à autre par des éclats de rire ou des accès de fureur, brefs, rares, vite enfouis dans les secrets de son cœur. Mais les principes et les devoirs se manifestent à fleur de peau. C'est le regard, chez lui, qui intrigue : immobile, impassible, rond, pâle, ne laissant deviner ni humeur ni arrière-pensée. Il y a bien vingt ans qu'il sert dans la politique, aux avant-postes toujours, sans que ses amis sachent ce qui l'emporte chez lui de l'ambition autoritaire ou du fatalisme.

Candidat à la présidence de la République, il a laissé forcer « l'armure » de son intimité. Il a dû lui en coûter gros. En même temps, cet effort sur soi-même devait lui paraître inutile : jamais, à deux ou trois instants près, il n'a pensé accéder au trône élyséen. Cet homme dort sans doute d'un sommeil sans rêve, comme ceux de son espèce qui ne s'écartent jamais du droit chemin. Il dispose, au siège de son parti, d'un bureau quasi ministériel. Mais il préfère son domicile, un appartement parisien tout juste cossu, sans rien de fantaisiste ni d'inattendu. A son image. Son second mariage l'a un peu débridé.

A certains moments de leur histoire, les socialistes aiment s'abandonner à des chefs austères, rugueux et vertueux. Depuis qu'il a été malade, il y a deux ans, Jospin a le teint gris, à se demander s'il sait faire honneur au cassoulet – spécialité inévitable de sa terre d'élection, la Haute-Garonne.

Jospin sait parler : il emploie le mot qui convient, trouve des arguments justes, ne s'écarte guère du plan de son discours. Aux journalistes, il ne fait jamais distribuer la sténo de ses interventions mais un synopsis manuscrit, dont certains mots sont soulignés. Jospin est un vrai professeur, ce qui est bien naturel à la tête de ce parti d'enseignants. Il a sûrement souffert plus qu'on ne croit avec un Mitterrand qui méprisait la profession d'éducateur. Mais succéder à son ancien patron ne lui a peut-être pas encore procuré ce délicieux sentiment de la revanche. Il a atteint le statut de candidat à la magistrature suprême sans passer par le stade de présidentiable. Personne n'en est revenu.

Le voici donc qui annote ses feuillets, dans ce train qui l'emmène vers l'enfer, à côté de cette belle femme glaciale, Elisabeth Guigou, qui a été ministre de Mitterrand. Ce couple de fortune n'invite pas aux familiarités. Ils s'en vont vers le Vaucluse la tête basse, comme les bœufs à l'abattoir. Les attend à Orange une pluie de récriminations. Jospin fourbit ses ripostes. Il fait de plus en plus beau. Son teint a carrément viré au papier mâché.

A trente minutes de l'arrivée, en traînant la jambe, il se décide à bavarder avec les journalistes :

— Pourquoi avez-vous été à la remorque, et même absent, du mouvement contre la loi Debré ?

Jospin s'énerve : il ne voulait pas récupérer la vague. Puis il hausse encore la voix : le peuple de gauche ? Ce n'était pas le peuple de gauche. A une journaliste, en chandail vert pomme, il réplique d'un ton d'enseignant à la veille des vacances scolaires :

— Mais vous n'écoutez pas. Qu'est-ce que je viens de dire ?

Heureusement, le train entre en gare.

Plus tard, dans la soirée, dans la salle « polyvalente » de la Palud, Jospin retrouvera une ombre de sourire, accueilli par quelque deux cents militants, au son de la musique vaguement grecque qui, depuis près de vingt ans, tient lieu, dans les meetings socialistes, d'*Internationale*.

Alors, tout à coup, son visage prendra des couleurs : les meetings ne servent à rien d'autre, mais ils valent le voyage.

2 mars. Fidèle.

Cherchons : quand donc Chirac a-t-il emprunté les voies du Seigneur ? Est-ce après son accident de voiture, lorsqu'il gisait à l'hôpital Cochin, livré sans défense au couple Garaud-Juillet ? Ou à la suite de ses tragédies familiales ? Ou encore au lendemain de sa défaite de 1988 lorsqu'il cherchait peut-être dans la prière la foi nécessaire pour repartir au combat ?

Les Français ont eu la révélation de sa piété

lorsqu'il a communié à la cérémonie du *Te Deum* en hommage à Mitterrand. Jusque-là, aucun président de la République n'avait ainsi manifesté avec solennité sa pratique religieuse. Chirac choisissait cette circonstance insolite, ces funérailles bénies à contrecœur par l'Eglise catholique (avec, ipso facto, sanctification d'adultère), pour se proclamer le premier chrétien de France. L'été précédent, au cours de son séjour à Brégançon, il avait certes assisté à la messe à Bormes-les-Mimosas, mais c'était, croyait-on, pour respecter une tradition établie par Pompidou chez qui le mysticisme n'était pas aveuglant.

Que Bernadette Chirac fût un peu dame patronnesse, du moins par le maintien et par la voix, on pouvait l'admettre. Nous avions déjà eu Mme de Gaulle qui tournait le dos aux divorcés, même gaullistes. Mais lui, Chirac, passait pour un radical de tradition, bon vivant, toujours prêt à rendre le moindre service, attentif aux chagrins des autres. De là à l'imaginer confit en dévotion, agenouillé le soir dans son oratoire pour confesser ses péchés, il y avait un abîme.

Les Français, qui sont, pour la plupart, impertinents à l'égard des bondieuseries, pouvaient se demander s'il n'y avait pas quelque racolage

politique derrière les génuflexions chiraquiennes. Des mauvaises langues affirmaient
d'une voix aigre :

— Jusqu'à son élection à la présidence,
Chirac ne croyait à rien. Même ses convictions
politiques se révélaient fluctuantes, naviguant
d'un travaillisme à la française à un libéralisme
reaganien. Quand il est entré à l'Elysée, il a sûrement éprouvé le besoin d'un point fixe, de
valeurs, de repères : l'Eglise catholique tenait son
arsenal à sa disposition. Et c'est ainsi qu'il a posé
le pied sur son chemin de Damas. Enfin,
Damas, manière de dire...

Quand ils touchent au terme de leur vie, les
grands de ce monde sont pris de doutes, de
remords, d'angoisses. Mitterrand s'en allait chercher d'obscures consolations chez un académi-
cien chrétien qui avait, lui aussi, un pied dans la
tombe c'est-à-dire en enfer. Mais Chirac est la
santé même, charnel, sybarite, glouton : pourquoi un tel diable d'homme irait-il quémander,
au pied des autels, dans des odeurs d'encens et
de pierres humides, des indulgences ? En Corrèze, où il se montre tel qu'en lui-même, on ne
lui voit pas l'ombre d'un tourment méta-
physique mais le culte de délices ultra-terrestres,
de veau de lait, de cochon gras et de regards éna-
mourés.

Parmi des amis qui, comme lui, ne s'interrogent guère sur les mystères de l'au-delà, on doute qu'il s'en trouve un seul pour l'initier aux vérités saintes. Dans ce premier cercle, il n'y a que grands patrons carnassiers, politiciens roublards et vedettes de la télé : pas de place pour les frères prêcheurs, à l'exception de Xavier Emmanuelli, ancien président de Médecins sans frontières, prix de la littérature catholique, qui serait, dit-on, son vrai directeur de conscience à temps perdu.

Quelle que soit l'explication, si Chirac a remis son destin aux mains de la religion, c'est une religion bonne fille, point du tout vengeresse ni janséniste, mais joyeuse et tonitruante comme un soir de victoire électorale.

9 mars. Hébreu.

La France compte cinquante-huit millions d'honnêtes républicains antiracistes, y compris les antisémites. Mais ceux-ci avancent masqués, chacun ayant son bon Juif en patrimoine, comme Le Pen lui-même. Une fois par an, le

Front national y va de son couplet antisémite, histoire de réveiller à travers le pays des démons qui ne dorment que d'un œil.

Mais la France n'a pas attendu Le Pen pour débattre avec frénésie de l'Occupation, de la déportation et par conséquent des Juifs. A la première occasion, le procès Papon ou celui – reporté sine die – de Bousquet, la question revient sur le tapis et enflamme d'indignation la totalité de la population, antisémites compris.

Jacques Chirac est une exception française. Il ignore l'antisémitisme, ce qui est naturel quand on a sauté sur les genoux du bon oncle Marcel (Dassault). Mieux : il aime les Juifs qui incarnent à ses yeux l'intelligence, l'ambition, la réussite. Il porte la kippa avec naturel. Un jour, Balladur, qui exècre ce qui lui rappelle l'Orient, lui a conseillé de se rendre à la synagogue avec un chapeau mou. Chirac se sentait ridicule et il ne lui a pas fallu deux samedis pour revenir à la calotte rituelle.

Premier ministre de Giscard, il avait invité son « ami » l'Irakien Saddam Hussein dans une riche auberge provençale qui faisait alors les délices de la nomenklatura gaulliste. Il avait désigné, pour l'accompagner, Simone Veil, François Heilbronner et Jacques Friedmann. On lui fit comprendre que cet entourage serait jugé provocateur par son invité. Il tomba des nues.

Chirac aime les Juifs et ceux qu'il préfère sont les intégristes à barbe noire, les loubavitchs. Maire de Paris, il leur a offert, pour une somme symbolique, deux terrains dans la capitale afin qu'ils édifient des écoles où ils professeront le respect rigoureux des traditions judaïques : les filles séparées des garçons dans les classes et les réfectoires. Les loubavitchs ne touchent pas les mains des femmes parce qu'elles sont femmes, impures par nature malgré tous les bains rituels dans lesquels elles iraient barboter. Nos bons républicains, laïques jusqu'au bout des ongles, s'apitoient sur la misère des femmes musulmanes obligées de porter le voile et de cacher la moindre parcelle de leur épiderme. Mais ils applaudissent à l'ostracisme dont sont victimes les épouses des juifs orthodoxes.

Chirac lui-même tolère ce bizarre distinguo. Selon lui, notre société ne doit pas grand-chose à l'islam, mais le meilleur de ses acquis à cette part juive qui se mêle, embellit et enrichit notre civilisation chrétienne. Après son élection, il a reçu Simone Veil qui lui a vertement reproché sa bienveillance généreuse envers les loubavitchs.

— Jacques, ces gens-là représentent ce qu'il y

a de pire dans une religion, l'aveuglement, l'obs-curantisme. Voudriez-vous subventionner une secte? Vous en êtes presque là.

Chirac est resté de glace : Simone Veil ne croit peut-être pas en Dieu? Notre époque a besoin de moines-soldats prêts à souffrir pour leur foi. Il a rêvé d'être soldat, puis moine. Que diable! On peut être épicurien et repousser le matérialisme. Il rêve d'une France traversant le chômage et la crise avec la vertu religieuse pour viatique.

10 mars. Message.

Depuis qu'il est à l'Elysée, Chirac s'est converti à la magie de la télévision. Pilhan se fait fort, à coups de prestations audiovisuelles, de lui apporter l'amour des Français. La télévision épouvante Chirac, mais Pilhan possède l'art d'administrer ses recettes en les enrobant d'un vernis d'évidences scientifiques. Sa fonction consiste à redresser les sondages comme ces guides qui vous taillent une route dans la jungle en pliant les branches d'une poigne de judoka.

Pilhan est précieux, inestimable, parce qu'il ne doute jamais de lui, même lorsqu'il formule des diagnostics alambiqués, en souriant avec les dents, qu'il a agressives et gloutonnes, au milieu d'un visage coloré de diablotin facétieux.

Le dernier exploit conçu et réalisé par ce réputé virtuose de la mise en scène consistait à bloquer les téléspectateurs de France 2 pendant deux heures en les forçant à ingurgiter un monologue de Chirac sur le chômage des jeunes. S'il avait réussi son impossible pari, Pilhan eût été un génie universellement reconnu, le sauveteur diplômé de tous les présidents en détresse, fournisseur attitré de la plus flamboyante des clientèles.

Avec Mitterrand, le pari était jouable, pas avec Chirac qui a le verbe court et plat d'un rapport de la Cour des comptes et dévide des lieux communs à la façon de Monsieur Prudhomme, impayablement sérieux. Erreur de casting catastrophique : le président de la République, il faut le montrer tel qu'en lui-même, dans ses grandes enjambées, ses effusions seulement ponctuées de banales apostrophes.

Au bout d'un quart d'heure, les deux tiers de son public s'étaient éclipsés. Les deux journalistes sélectionnés par l'Elysée cachaient leur détresse sous des sourires de maîtres d'hôtel, surtout Cavada pour une fois sans voix. Au fond de l'écran on devinait un public mais ce n'étaient sans doute que des silhouettes peintes dans le trompe-l'œil du décor. La réquisition de la télévision publique tournait au fiasco et la sueur perlait sur le front de Pilhan.

Quand le supplice prit fin, Chirac enleva les deux micros des revers de son veston et demanda :

— N'était-ce pas trop long ?

Personne n'osa se récrier, selon l'usage, ni lui adresser de ces compliments mielleux dont Mitterrand se délectait. Chirac remercia ceux qui l'avaient suivi dans son naufrage. Hip, hop ! le lendemain, il s'en allait en Amérique latine et le pas de l'oie des soldats brésiliens formés à l'école de la dictature militaire lui mettait un peu de baume au cœur. Le rythme échevelé de ce voyage dit d'Etat lui épargnerait l'écho des protestations françaises devant cette mobilisation autoritaire des téléspectateurs qui n'avaient même pas daigné lui assurer le service minimum.

12 mars. Patrons.

Beaucoup de ministres, se jugeant insuffisamment considérés, s'en vont à l'Elysée (ou à Matignon) avec leur démission en poche mais ne poussent jamais l'audace jusqu'à la remettre à leur destinataire, de peur sans doute de la voir acceptée. Leur menace fait un quart d'heure le tour des salles de rédaction – et tout est dit. Bernard Pons peut se permettre ce genre de fugitif éclat : il est le doyen du gouvernement, le patriarche des compères de Chirac qui lui trouve du flair politique. Bernard Pons est petit, aimable, et par conséquent malin.

Avant d'être nommé ministre, il présidait le groupe RPR à l'Assemblée et se signalait par des phrases incongrues. Lorsque Christian Blanc, un socialiste du clan rocardien, a été nommé à la tête d'Air France, Pons a lancé au ciel des imprécations meurtrières qui n'ont effrayé personne (leur mortel antagonisme date des événements de Nouvelle-Calédonie). Dix-huit mois plus tard, il se retrouvait au gouvernement en charge des Transports, avec Air France sous sa tutelle.

Cette cohabitation lui a paru insupportable : il s'est plaint à Chirac qui l'a écouté distraitement.

Bernard Pons n'avait rien compris : l'astuce, grosse comme un Airbus, consiste à abandonner à la responsabilité de socialistes le « redressement » des entreprises publiques les plus déficitaires. Air France, le Crédit Lyonnais, la SNCF, Renault seront ainsi laissés à la charge des exécuteurs testamentaires du règne mitterrandien : à eux d'effectuer les licenciements et d'affronter les explosions sociales. Ils s'acquitteront de leur ingrate besogne avec une sécheresse de cœur digne d'un maître des forges de Zola.

C'est ainsi qu'en pleine crise Christian Blanc a été appelé à remplacer Bernard Attali, jumeau du gardien du sérail mitterrandien. Génial, n'est-ce pas ? Blanc est le plus ancien des compagnons de Rocard, depuis l'époque où les étudiants luttaient dans la rue. Aujourd'hui il a gommé ses souvenirs en mettant du blanc à ses cheveux. En 1980, il était chef d'état-major de la guerre des colloques que Rocard menait contre Mitterrand. Il a payé la défaite de plusieurs années de fâcherie avec les Rocard, avec elle surtout, Michèle, du temps où elle menait son bonhomme par le bout du nez. A Air France, Christian Blanc garde à la bouche des cigares de producteur hollywoodien dont il souffle parfois la fumée au nez des syndicalistes. A l'occasion, il joue les clients contre les salariés. Avec une élégance vestimentaire griffée Savile Row.

Il a beaucoup élargi le cercle de ses relations. Mais il rencontre toujours Rocard, de temps à autre : il est vrai que cette fréquentation-là ne tire plus à conséquence.

Son confrère de Renault, Louis Schweitzer, a gardé encore moins de liens avec les socialistes. Doit-il tout à Fabius, dont il a été le directeur de cabinet ? Fils d'un ancien gouverneur du Fonds monétaire international, petit-neveu du médecin des lépreux, protestant, énarque, irréprochable serviteur de l'Etat, sérieux comme un adagio de Bach, mais avec une pusillanimité que trahit le bas du visage tout en plis incertains, il était destiné à ces offices de grand commis que la République réserve aux héritiers de ses vieux serviteurs, manière de singer l'Ancien Régime.

Quand il lui a fallu fermer une usine à Vilvorde, mettre à la rue des centaines d'ouvriers et y amener des milliers de protestataires, Schweitzer n'a pas paru ébranlé. Guère davantage lorsque les dirigeants du RPR se sont écriés :

— Il démissionnerait s'il avait deux sous de sens des responsabilités.

Lui-même, comme le RPR et le Premier ministre, n'ignorait pas qu'il lui fallait traverser cette épreuve, en attendre d'autres analogues sans regimber ni s'émouvoir. Les socialistes lui ont tout fait payer : les écoutes téléphoniques de l'Elysée, le drame du sang contaminé, peut-être le *Rainbow Warrior*, et à présent Vilvorde : il se sacrifie, se mortifie, avec une dignité apprise dès son plus jeune âge. Le pouvoir de droite, orfèvre en double jeu, est ravi de lui faire porter un chapeau qu'il ne méritait pas : il finira au Conseil d'Etat, voire dans une ambassade. Il est d'une étoffe qui ne s'use pas, pour tous usages. Moins interchangeable que Jean Peyrelevade, PDG du Lyonnais, qui continue de siéger parfois dans les instances du parti socialiste, à tout hasard. Mais pourtant pas aussi discret que Louis Gallois, l'ancien alter ego du socialiste Chevènement, passé d'Aérospatiale à la SNCF, en attendant le futur fauteuil dans lequel on le poussera, pour céder la place à quelqu'un de moins incolore.

Tous sont exemptés de campagne électorale – ce qui ne les empêchera pas de réclamer leur dû si le PS, par mégarde, gagne.

Alain Juppé leur trouve bien des qualités. Ce n'est pas au RPR que l'on déniche des serviteurs de ce modèle, inébranlables et désintéressés.

15 mars : Mamma.

Dans un corridor de cet Hôtel de Ville de Paris auprès duquel l'Elysée ferait figure de pavillon de chasse, Xavière Tiberi, surnommée Zézette par les anciens, croise un élu de droite. Elle fulmine, elle fume comme une locomotive en bout de course :

— Tu te rends compte ? Ça fait trente ans que je travaille pour eux – pas pour Jean, pour le RPR – sans avoir jamais demandé un centime. Et quand enfin, pour la première fois on me verse un salaire, j'en prends plein la gueule.

Quelques jours plus tard, dans ce Quartier latin dont elle a dû visiter tous les appartements, toutes les boutiques et tous les bureaux, elle croise un « compatriote » corse. Elle n'a pas décoléré, mais cette fois elle peut donner libre cours à un accent aussi fort qu'un fromage de Figari :

— Ce n'est pas chez nous, n'est-ce pas, qu'on traiterait de cette façon une mère de famille.

Suit une phrase en corse, sans doute bien sentie mais dont son interlocuteur refuse en riant de me fournir la traduction.

Conclusion : la tornade Zézette n'a pas fini de menacer la capitale et l'Elysée où Dominique de Villepin est en charge des « affaires » parisiennes. Mme Tiberi est une tigresse quand il s'agit de sa famille, son mari, ses enfants, son île, sans oublier ses fidèles électeurs. Les Corses, qui sont légion à l'Hôtel de Ville de Paris, soutiennent qu'elle serait prête à prendre les armes pour venger les siens, alors que son mari, Jean, est la douceur même. Depuis que ses malheurs judiciaires ont éclaté, et fournissent aux Guignols de Canal Plus une rubrique hebdomadaire, le maire de Paris garde sur les lèvres un sourire d'ange :

— Qu'est-ce qu'il peut bien prendre ? s'interroge un conseiller. Valium ? Prozac ? Ou tout simplement un gros pétard après les repas ? Moi, à sa place, j'aurais disjoncté depuis longtemps.

L'autre soir, Tiberi assistait, à Bercy, à une manifestation sportive. Salle comble. Au moment de remettre les coupes aux vainqueurs, il quitte sa place, gagne l'estrade, s'approche du micro. Comme un seul homme, le public se met à crier, à siffler et à l'envoyer, selon la formule rituelle, « aux chiottes ». Lui n'entend rien : avec toujours cet horripilant air de béatitude, il remercie les Parisiens d'être venus si nombreux « et patati, et patata »...

Il faut bien que Zézette prenne en charge, seule, l'honneur et la survie des Tiberi. Alors, devant elle, même Chirac se fait petit.

Aux avant-dernières élections régionales, quand Chirac était encore maire en titre de la capitale, Zézette voulait une place sur la liste des candidats pour son fils. « Nos amis l'ont obtenue, disait-elle, ce doit être le tarif habituel pour notre travail de forçat bénévole à nous autres, les épouses. » Ayant reçu un accueil glacial au RPR, elle s'en va, toujours en pestant, chez le patron parisien de l'UDF, Dominati, un Corse. La réponse est affable mais toujours négative :

— Ecoute, j'aimerais bien te faire plaisir. Mais vous êtes tous au RPR. Si je prends ton fils, c'est la guerre. Tu ferais mieux d'aller carrément le trouver, lui, là-haut.

— Qui, lui ?

— Chirac. Il n'osera pas te refuser.

D'un pas montagnard, voilà Xavière partie dans l'antichambre du maire où un huissier lui barre la route : le patron est en rendez-vous.

— Bon, fait Zézette. J'attendrai ici. Le temps qu'il faudra.

Enfin Chirac paraît, tout sucre et miel devant la visiteuse imprévue. Il fait mine de lui poser un baiser sur le front. Xavière le repousse des deux mains à l'intérieur de son bureau :

— Ce n'est pas l'heure des bisous.

Tiberi junior a décroché sa place sur la liste des candidats, mais à un rang où il n'avait aucune chance d'être élu. Devenue la première dame du palais municipal, sa maman règne avec une force d'âme dont nul ne peut plus douter. Avec un tel exemple, on voit que la politique française a grand besoin de femmes. Elles ne s'en laissent pas conter, insensibles aux risettes et aux serments des hommes. Enfin, à en juger par le salaire versé à Zézette par le conseil général de l'Essonne, leurs tarifs sont beaucoup plus raisonnables que ceux exigés par bien des maris.

16 mars. Vautour.

Dans la rue, une dame m'attrape par la manche :

— Les journalistes sont ignobles. Détestables. Méprisables. Tout à l'heure, à la radio, j'en ai entendu un raconter d'une voix rigolarde que Chirac avait reçu la médaille du grand Con d'or en Bolivie. C'est indigne de traiter ainsi le président de la République. C'est la France, monsieur, c'est nous-mêmes que vous insultez. Libre à des Indiens d'Amérique de se moquer de notre pays. Mais vous n'avez pas le droit, m'entendez-vous, d'entrer dans ce vilain jeu. Oh! Je ne suis pas surprise ; vous autres, vous ne respectez rien : tout vous est bon pour tourner en dérision vulgaire ce que nous avons de plus sacré. Vous faites les guignols à la télé et, à l'abri, derrière vos masques en caoutchouc, vous vous permettez toutes les insolences.

Sans me laisser le temps de plaider pour ma corporation, elle poursuit, un peu radoucie :

— Je sais bien ce que vous allez me répondre : que Chirac ne l'a pas volé en allant faire le guignol – lui aussi – sur la pelouse d'un stade, devant des dizaines de milliers de supporters, comme vous les appelez, ces voyous qui brûlent les voitures et défoncent les magasins quand leur équipe gagne. Ou quand elle perd, je ne sais pas. Il y a des situations qu'un chef d'Etat évite. Encore heureux qu'on ne l'ait pas bombardé avec des canettes de bière. Mais ça ne vous excuse pas, messieurs des médias. Je vous le dis : vous outrepassez vos droits.

Elle remet en place, sur son épaule, la bretelle de son sac et me tourne les talons. Au bout de vingt pas, elle revient vers moi :

— D'ailleurs, il ne dort pas, monsieur. Il se remue. Il bouge. S'il y a un bon Dieu, il finira par être récompensé de toute cette peine qu'il se donne. Et alors, gare à vous !

18 mars. Messe basse.

Jadis, dans le salon d'hiver de l'Elysée, aimable survivance du style Napoléon III avec des amours joufflus et des nymphes replètes ici et là, se tenait une ou deux fois l'an une grand-messe présidentielle. Il fallait être un fieffé mécréant pour la manquer. Les habitués arrivaient longtemps à l'avance pour se disputer les chaises en bois doré et velours grenat du premier rang, dures au séant pour interdire les somnolences. Ensuite le public s'entassait tant bien que mal, en pagaille, qui devant une colonne, qui adossé à l'angle d'un mur. Il y avait des journalistes, bien sûr, mais aussi des patrons de journal et de média, quelques hauts fonctionnaires, certains appartenant aux Renseignements généraux et sortis de l'ombre pour l'occasion. On se reconnaissait, on se tutoyait, on échangeait des promesses de déjeuner aussitôt oubliées. Une douce lumière tombait de la verrière sur nos têtes, augmentant la chaleur qui, certaines saisons, vous poussait à la sieste.

Puis le président, ou plutôt le prince, apparaissait précédé d'un aboiement d'huissier. De Gaulle, inventeur de la liturgie, faisait disposer à ses pieds, assis deux par deux, son gouvernement au complet. Les questions comme les réponses étaient préparées à l'avance par les services de l'Elysée avec une précision militaire. Les bons mots partaient de loin, téléguidés, pour provoquer à l'instant les rires complaisants de l'assistance. Lorsque, par mégarde, un journaliste laissait passer le moment d'interpeller le Général, celui-ci lançait d'une voix gouailleuse : « Je crois que quelqu'un a posé une question sur le Québec. Eh bien ! Je vais vous répondre. » La presse étrangère n'était pas la dernière à s'émerveiller d'un cérémonial qui rappelait, de loin, les audiences du petit lever à la Cour de Versailles. Au fil des septennats, les grand-messes s'étaient simplifiées, banalisées jusqu'à se transformer en des « points de presse » qui n'avaient plus rien à voir avec les cérémonies gaulliennes. Mitterrand laissa tomber ces rendez-vous devenus languissants, relégués dans un sous-sol climatisé du palais présidentiel. Et Chirac n'a pas osé relever cette tradition née avec la Ve République.

Jospin vient d'en tenter la restauration, mais sans dorures ni tapisseries, dans un grand hôtel où – misère ! – sa prestation va s'intercaler entre un séminaire de coiffeurs pour dames et un colloque de juristes émérites. Il présente à la presse, dans un style vaguement présidentiel, le programme économique qui devra, comme une bonne paire de godillots, lui servir toute l'année. Il a le visage pâle et la voix blanche. Pour lui, c'est une « première ». Après avoir lu un long exposé de macro-économie dont un exemplaire a déjà été remis à chaque journaliste, il lui faut répondre aux questions et c'est là que l'affaire se gâte. Il finira par réprimander des journalistes trop pointilleux :

— Décidément, vous êtes toujours du côté des puissances d'argent.

L'armure du chevalier Lionel, fendue au cours de la campagne présidentielle, devrait faire encore de l'usage.

20 mars. Rosiers.

Quand il était étudiant, président de la « Corpo » de droit, déjà tribun et antigaulliste tonitruant, Jean-Marie Le Pen promenait fièrement à son bras une petite Juive nommée B... C'était l'époque où l'antisémitisme s'assimilait à une maladie honteuse, ce qui n'effrayait pas le jeune Breton. Il plaisantait déjà sur l'inégalité des races et traitait son ami corse Dominati d' « individu allogène » sans s'apercevoir qu'il en était un autre. La petite B... comprit qu'elle n'avait pas tiré le bon numéro le jour où Le Pen lui lança à la tête cette plaisanterie :

— Plus tard, je serai au gouvernement. Nous ouvrirons pour ceux de ta tribu des camps de concentration, mais nous les clôturerons avec des rosiers. (A cause de la rue du même nom, voyons...)

Jean-Marie Le Pen était alors antisémite sans s'en vanter ni le professer, comme tant de Français intoxiqués à jamais par la droite, celle de Léon Daudet et Philippe Pétain. Par aversion pour les idéologies dominantes, ou simplement

pour scandaliser, il se déclarait partisan du
régime de Vichy, résolu à libérer le vieux maréchal de sa prison insulaire à la tête d'un
commando. En fait, sa contre-Résistance ne
dépassait pas les cafés du Quartier latin. Il lui a
fallu beaucoup d'aventures et plusieurs décennies pour comprendre enfin que l'antisémitisme
est, depuis le capitaine Dreyfus ou plus loin
encore, consubstantiel à la droite. C'est dans les
années 80, poussé par des compagnons de route
franchement fascistes et même pro-nazis, qu'il
s'est servi de l'épouvantail juif pour réveiller une
droite inerte, trop longtemps bercée par les ron-
flantes paroles des avocats Isorni et Tixier-
Vignancour. L'antisémitisme chez lui n'est pas
une idée ni une foi, comme chez Hitler : c'est
une banderole sous laquelle il est facile de ras-
sembler des troupes. Il sait que les Français sont
plus antisémites qu'ils ne le croient eux-mêmes,
que la petite flamme noire ne s'éteint jamais au
cœur de ce peuple : régulièrement, il souffle des-
sus, et parfois il crache. Lorsque au bout de
trente ou quarante ans, il se fâche avec Dominati (dont deux enfants sur trois ont épousé des
Juifs de stricte obédience), après avoir lâché un
de ces horribles calembours antisémites qui le
font rire aux larmes, il ne comprend pas qu'un

Corse, catholique et apostolique, puisse épouser la cause du peuple hébreu.

Plus de cinquante ans après le retour des survivants des camps de la mort, la question juive n'est plus de celles que l'on s'interdit : elle est revenue, rampante et subreptice. L'autre jour, dans *Le Monde*, journal de cette intelligence française qui est toujours de gauche, on pouvait lire, dans un sondage, cette interrogation présentée comme banale et d'actualité :

— Approuvez-vous ou désapprouvez-vous les prises de position de Jean-Marie Le Pen sur la dénonciation de l'influence des Juifs sur la vie politique en France ?

Ils étaient 4 % de Français à approuver. Courage ! Si cette question, devenue ainsi légitime, est posée régulièrement, ils seront bientôt le double, puis le triple, puis 20 %. Et alors les instituts de sondages l'inscriront dans leurs questionnaires, sans aucune espèce d'hésitation ou de scrupule.

Il n'y a pas eu un seul lecteur du grand quotidien national et républicain pour s'étonner de cette question — naturelle et demain obligée. Je connais d'éminents Français juifs, banquiers, hauts fonctionnaires, médecins illustres, que cette sournoise dérive inquiète tant qu'ils envi-

sagent d'émigrer. Il ne manque pas de pays où
« il fait bon vivre », selon la superbe expression
de Chirac, sans qu'on y respire les mortels
effluves du racisme bon enfant. Mais qui oserait
reprocher à ces personnalités de souffrir de la
mémoire comme d'une tumeur, et déjà de ne
plus se sentir tout à fait chez elles en France ?

29 mars. Multitude.

Pour certains hommes politiques, la foule est
le siège de la jouissance. Cette grosse bête alan-
guie qui parfois éructe, explose et se désagrège
dans des pulsions imprévisibles leur procure
chaleur et ivresse : à son contact, à sa vue même
ils sont traversés par des ondes de force virile.
Jospin n'est pas de cette espèce : il aime bien la
foule, mais à condition qu'elle soit immobile,
attentive et silencieuse. Le contact de ce fauve,
lorsqu'il est en mouvement, lui répugne un peu.
Les manifestations doivent l'effrayer, il ne s'y
rend qu'à contrecœur. Après la manifestation
contre la loi Debré, le voici à Strasbourg, parti-
cipant à la marche antifasciste par devoir, sans

plaisir. Sitôt les marcheurs dispersés, il s'éclip-
sera. De la place de l'Etoile à la place de Broglie,
en un lent chemin de croix, il lui faut essuyer les
moqueries, les impertinences et les admonesta-
tions d'une foule qui doit se situer dans les vingt
ans de moyenne d'âge et qui prend ce rassemble-
ment civique comme une occasion de rire, de
chanter, d'afficher sa jeunesse évidemment inso-
lente.

De retour à Paris, Jospin soutiendra n'avoir
pas remarqué les réactions mitigées sur son passage. Quand on l'appelle « Yoyo », le diminutif
dont les Guignols de l'Info l'ont affublé pour sa
plus grande gloire, il a une grimace de désola-
tion.

Quand il se place devant une foule et la balaie
rapidement du regard, comme un taureau péné-
trant dans l'arène, Le Pen, au contraire, est traversé de la tête aux pieds par des frémissements
de désir. Ses mollets se mettent à danser, ses bras
tendus forment un grand angle, se dressent, se
tendent, dans une espèce de spasme. Voilà bientôt un demi-siècle qu'il retrouve ce plaisir indes-
criptible qui vous assèche la gorge, vous écrase la
poitrine d'une étreinte exquise. Et la jouissance
vient lorsque la foule se tait, enfin soumise...

Avec l'âge (il atteindra sa soixante-dixième

année aux élections de 1998), à force de servir et resservir à son public les mêmes clins d'œil et appels du pied, Le Pen n'est plus qu'un pitre en fin de carrière. Mais il recueille toujours autant d'applaudissements. A le voir bondir en scène dans un cercle de lumière blanche, multiplier les courbettes et les sourires hébétés puis arrondir les bras comme un maître d'hôtel poussif, on se demande comment ses grimaces peuvent encore convaincre son public, à cette époque-ci.

Au début de sa monstrueuse épopée, découvrant peu à peu l'art de mettre une foule à sa botte, Hitler expliquait que les idées, les programmes, les arguments ne servent à rien : quand deux cent mille individus sont réunis par un même idéal, personne ne peut douter du bien-fondé de leur lutte. La foule se nourrit de sa propre démesure.

Charlie Chaplin, le premier, a remarqué que le totalitarisme populiste exigeait un peu de bouffonnerie. L'historien du nazisme, Ian Kershaw [1], observe qu'Hitler, avec sa mèche calamistrée, sa moustache en brosse, ses cris de putois et ses sautillements de pantin, aurait dû n'impressionner personne. Pendant douze ans

---

1. Ian Kershaw : *Hitler* (Gallimard, « NRF essais »).

pourtant c'est ce petit homme grotesque qui a répandu en Europe la terreur et la barbarie. Insensiblement, le pitre s'est fait monstre. Le peuple allemand, si cultivé et raisonnable, l'a tellement pris au sérieux qu'Hitler lui-même, jusqu'à sa mort, a poussé son personnage aux limites de la caricature. Surpris le premier, sans doute, de l'efficacité de son numéro perpétuellement recommencé.

Mais la foule ne remarque pas les grosses ficelles du jeu de Le Pen. Elle et lui communient dans la même exaltation. Et ce sont des cris délirants lorsqu'il la salue enfin d'une ultime révérence, rengainant dans sa trousse à maquillage ses pommades de bouffon.

29 mars. Traqué.

La musaraigne roule des yeux, rase les murs, revient sur ses pas, en proie à l'épouvante. Des tueurs, il y en a partout dans ce Palais des congrès de Strasbourg, certains qui rient trop fort, en attendant la mise à mort, et d'autres qui ont déjà la main sur la crosse de leur arme, sous un blazer inconfortable pour leur musculature. La musaraigne devine qu'ils se rapprochent, forment autour d'elle un cercle auquel elle ne pourra échapper. Aujourd'hui, demain, dans un mois, dans un an, peu importe : elle n'a aucune chance de s'en sortir. Les tueurs ont tout leur temps. Ils font durer le plaisir de cette traque. Au signal donné, l'un d'eux délivrera le coup de grâce. La musaraigne songe peut-être à Stirbois, tué dans un accident au moment fatal où il prenait trop d'envergure.

Pour le moment, Mégret tourne en rond, le front mouillé de peur. Il n'a trouvé – un comble ! – que notre salle de presse pour s'assurer un sursis. Il nous sourit et nous implore du regard, cherchant chez nous un peu de compassion.

Tout à l'heure, Le Pen, tel un Néron de bande dessinée, l'a condamné non d'un geste du pouce, mais d'un mot qui a fait passer sur son public un souffle glacé. Il a salué « le maire consort de Vitrolles ». Mégret s'est recroquevillé sur son siège, le visage tout à coup gris.

Chez les individus petits, squelettiques, privés de muscles et de sang, l'ambition est la seule force vitale mais elle les ronge de l'intérieur. Il suffit d'observer la stature épanouie et arrogante de Le Pen, à côté du pelage anémique de notre musaraigne, pour deviner ce que Mégret a pu enfouir en lui-même, au long de ces années, de brimades et de désir d'une impossible revanche.

Mégret est venu ici, pour le Xe Congrès du Front national, décrocher un titre de dauphin. Fatale erreur : dans toutes les organisations de droite totalitaires, il n'y a place que pour un sauveur suprême. En se faisant désigner comme le successeur de Le Pen, Mégret a scellé son destin. Son rival, Bruno Gollnisch, qui a l'air bien dans sa peau, lui a prêté allégeance mais avec une diabolique jubilation.

Pendant que se déroule, dans la coulisse, ce drame shakespearien revu par Brecht, sous les projecteurs, un nommé Holeindre glapit des menaces de pronunciamiento. Derrière lui, en fond de scène, on a tendu des panneaux d'un bleu royal, mêlé d'azur et de turquoise, couleur qui, selon les experts, procure le rêve, l'espoir et la joie. La musaraigne s'est une fois de plus éclipsée, incapable de soutenir cet océan que les projecteurs traversent d'éclairs.

4 avril. Oreilles.

Embaumé, statufié, sanctifié dès le jour de son décès, Mitterrand s'était livré, tout au long de son règne, à un vilain passe-temps : il se faisait rapporter les conversations téléphoniques, donc privées, de certains de ses sujets. Les Français viennent de l'apprendre, sans surprise ni indignation, par le canal de la justice. Sans rire, Juppé a fait placer sous scellés les rapports comme « Secrets intéressant la Défense ». La vérité connue est que feu Jean-Edern Hallier, numéro un des écoutés, avait écrit un petit pamphlet dont les bonnes feuilles circulaient dans tous les restaurants en vue de la rive gauche et qui révélait l'existence, connue de tout Paris, de la fille naturelle de Mitterrand, Mazarine. Pauvre petit secret : le président faisait arrêter sa voiture pour acheter des ours en peluche et lorsqu'il se rendait dans certains pays étrangers, il était suivi, dans un second avion, par Mazarine, sa mère et un gendarme faisant fonction de nounou. Assistant au décollage de ce cortège, à Madrid, Felipe González avait eu un sourire rêveur :

— Les Français, hein! avait-il confié à l'un de ses ministres. Ils ne connaissent pas leur bonheur...

A la fin, Mitterrand avait fait couper la bretelle – c'est le terme technique – de Jean-Edern Hallier et procédé lui-même à la reconnaissance sociale de sa fille naturelle.

Intrigue davantage la présence, sur la liste des personnes honorées de la curiosité présidentielle, de Carole Bouquet. L'âge venant, Mitterrand tournicotait volontiers, comme un papillon en fin de course, autour de nos plus ravissantes actrices, la Bouquet, la Binoche, la Marceau... Mon Dieu, ne faut-il pas lui pardonner ces privautés séniles? Il voulait tout savoir sur elles, leurs amants, leurs chagrins, leurs emplettes. Il aura à coup sûr été fasciné par le mystère qui se dégage du visage de Carole Bouquet : à force de fréquenter un Charasse à toute heure du jour, on doit se laisser aller à de telles rêveries.

Mitterrand n'aimait rien tant que les petits tas de secrets – non pas ceux dont parlait Malraux mais ceux, furtifs et vite évaporés, qui se trament dans les alcôves et se racontent dans les dîners. Il recueillait les ragots avec une gourmandise de petit provincial : ainsi, la jeunesse lui revenait par bouffées.

Un peloton de gendarmes était affecté à cette besogne d'espionnage privé. Leur chef a été bombardé préfet, et a reçu la croix de la Légion d'honneur que Mitterrand lui a remise en lui murmurant à l'oreille une phrase ponctuée d'un rire coquin. Heureux pays en effet qui charge ses fonctionnaires de police des menus plaisirs du monarque!

D'après le petit rapporteur de Mitterrand, les ramasseurs de secrets téléphoniques sont toujours à l'ouvrage, dans l'Elysée de Chirac. Ils sont moins occupés : le nouveau président téléphone lui-même jour et nuit et je n'ose imaginer que ses services espionnent ses propres conversations. Que l'on sache, il n'a guère de curiosité pour les amours, légitimes ou non, de ses ministres ou des actrices en vogue. Les mouchards de l'Elysée doivent plutôt s'occuper des procédures judiciaires visant la mairie de Paris et sa périphérie, ainsi que des projets de montages financiers échafaudés par les grands patrons.

Ouf! Nous voilà revenus à l'Etat de droit.

6 avril. Bénitier.

Le ministre Barrot se fâche lorsqu'on rappelle qu'il a grandi à l'ombre des crucifix et fréquenté le petit séminaire. Un jour, il a failli quitter un studio de radio en entendant évoquer cette pieuse éducation. La colère est le seul péché auquel il cède de temps à autre. D'ordinaire, il ruisselle de tant de bonne volonté et de sentiments charitables que c'est une malice du bon Dieu de l'avoir jeté dans le marigot politique.

Etant formé aux chemins de croix, il est ministre du Travail ou plutôt du chômage, et de la Sécurité sociale, c'est-à-dire d'un gouffre sans fond. Les journalistes qui l'interrogeaient sur son conflit avec les médecins des hôpitaux ont sursauté en l'entendant prononcer le mot « pognon ».

Barrot est sûrement un saint homme : une rondeur de chanoine, une voix de prélat de Cour, des façons de diacre. La carrière politique lui est tombée toute rôtie dans la bouche. Il a hérité de son père une circonscription peuplée de monastères et de congrégations. Il lorgne parfois du côté des socialistes, en se signant vite pour conjurer les tentations du Malin. Mais à force de respecter les enseignements de notre mère l'Eglise, il lui arrive de sortir de ses gonds. On pourrait alors le confondre avec Philippe Séguin qui préside l'Assemblée dont il est le caractère le plus insupportable.

Barrot a eu un jour, avec le président du patronat Jean Gandois, une dispute si violente que les secrétaires du ministère sont sorties dans les corridors. C'était à propos de la formation des jeunes. Barrot avait d'abord soutenu un projet souhaité par Gandois. Puis il avait changé d'avis, sans explication, sous la pression d'une de ces puissances occultes qui font et défont les lois d'un claquement de doigts.

Gandois l'avait traité de « cul-bénit » et de « jésuite ». Ils en sont toujours là.

Comme beaucoup de ses collègues, Barrot partage équitablement son temps entre Paris, où il construit méthodiquement une carrière nationale, à coups de messages grandiloquents et télévisés, et la province où il exerce de hautes fonctions locales. A ce titre, il brasse des crédits, décide des investissements et signe des contrats, tel un patron béni des dieux, sans actionnaires pour décortiquer ses comptes. Lorsqu'on a le front de l'interroger sur ces sortes d'affaires, il affecte une indifférence dégoûtée. Il a été pendant des années l'un des principaux dirigeants d'un parti politique mais holà! il n'a jamais voulu savoir selon quels mécanismes et avec quelles ressources cette organisation se finançait. Il y avait des petites gens, de petites mains pour veiller à ces misérables nécessités. Avec quelques-uns, Barrot s'occupait de la pensée, de la stratégie et éventuellement des candidatures aux élections mais sans se mêler de l'intendance. Il vous le dit, la main sur le cœur, d'une voix si pieuse qu'une seconde vous seriez prêt à le croire. Ses amis Longuet, Léotard, Madelin, Juppé jouent la même comédie de la vertu horriblement outragée. Et Mancel, n'oublions pas Mancel.

Le secrétaire général du RPR a grandi à l'ombre de deux monuments : la cathédrale de Beauvais et l'industriel en or massif Marcel Dassault. Il avait huit ans lorsque l'avionneur a atterri dans l'Oise et acheté, d'une seule enveloppe, un siège de sénateur, un journal et une imprimerie vétuste où son père était chef du personnel. Le petit Jean-François écoutait avec émerveillement le décompte quotidien des générosités que Marcel Dassault déversait sur le département à travers la vitre de sa limousine blanche. Il en a gardé un culte des splendeurs et des goûts de milliardaire.

C'est un pur produit de l'élevage chiraquien. A ses deux maîtres, Chirac et Juppé, il a emprunté une langue de bois dont on fait les énarques, et l'art de rester droit dans ses bottes lorsqu'il lui faut franchir la tourbe des questions embarrassantes. Du temps du gouvernement Balladur, il tirait des boulets maladroits contre le rival de Chirac. Pour toute réponse, les balla-duriens faisaient tinter le bruit des casseroles dont, disaient-ils, le jeune Mancel était affublé.

Juppé l'a choisi, en toute connaissance de cause, comme chef in partibus du RPR, sachant qu'il était condamné à la docilité. Quand des journalistes ou des conseillers généraux de l'Oise l'interpellent sur son train de vie, Mancel se fend d'un sourire trop large et un peu jaune.

Il n'est pas le seul, au RPR, à se retrouver dans le viseur des magistrats, et à les défier d'un air narquois. Il n'imagine pas qu'on ose un jour lui passer les menottes pour avoir, comme disait Marcel Dassault, « fait danser l'anse du panier ». Mais gare ! l'ex-ministre Carignon a payé cher semblable assurance.

10 avril. Virée.

Quand les journalistes se sentent fort démunis, ils servent à leurs lecteurs des histoires d'almanach qu'ils appellent des « marronniers ». Les gouvernements, eux, ont toujours la ressource de la décentralisation, vaste programme sempiternellement remis sur le métier. Un essaim de ministres s'est donc abattu sur la petite ville d'Auch pour tenir conseil sur ce sujet. Pourquoi ici et maintenant ?

L'explication se trouve dans Stendhal qui notait, au printemps de 1838, dans ses carnets après s'être arrêté à Auch sur la route de Toulouse : « Les provinces sont si arriérées que la centralisation a encore raison de leur ôter le pouvoir de faire des sottises. » Il n'y a pas un iota à retirer de ce constat. Stendhal trouverait aujourd'hui une ville à peu près inchangée depuis cent soixante ans, orgueilleusement fichée sur un monticule mais « les collines que l'on aperçoit de la promenade sont bien laides ». Stendhal n'avait trouvé à Auch, qui vaille le détour, qu'une cathédrale avec cent treize stalles en bois sculpté, du plus flamboyant gothique, et des vitraux aux couleurs vives « pour éblouir les paysans ». S'y ajoute de nos jours un temple de la gastronomie gasconne où l'on propose du « foie gras saugrenu » et du « pruneau à géométrie variable ».

Entre l'atterrissage et le décollage de leurs avions, nos ministres n'ont pu approcher ces curiosités. Les enfants des écoles, censés les accueillir avec des drapeaux de papier, étaient moins nombreux que les gendarmes mobilisés pour les contenir. Les manifestants anti-Juppé plus rares encore, maintenus dans la ville basse séparée de la haute par un escalier de deux cents marches qui est un vrai coupe-jarret pour les opposants les plus combatifs.

Pour ces différentes raisons, les ministres, au retour, jugeaient que cette escapade de printemps avait été bien inutile.

11 avril. Culte.

Dans notre pays de raison et de lumières, il y a de nos jours plus de sectes qu'on ne croit. A côté du Front national, riche, puissante et orgueilleuse église satanique dont le grand prêtre invite les fidèles au suicide collectif par le feu de la haine, nous côtoyons sans le savoir de petites sectes inoffensives et pour ainsi dire attendrissantes qui entretiennent dans une discrète liturgie le culte des grands hommes. Tels sont le Cercle des gaullistes disparus qui siège plusieurs fois l'an rue de Solférino, à l'endroit même où son grand homme venait souffler au cours de sa traversée du désert, la Confrérie des nostalgiques de la grandeur française à laquelle Chirac se flatte encore d'appartenir, les Adeptes du pur libéralisme rassemblés par Alain Madelin et la Fraternité des fidèles de François Mitterrand.

Ces derniers ne sont guère nombreux et ne recrutent plus, à présent. Mais que le nom du défunt président soit évoqué et sur-le-champ ils font entendre leurs psalmodies, avec une ferveur proche de l'éblouissement. Dès que la dépouille mitterrandienne a été portée en terre, avec les deux bénédictions de l'Eglise (une pour le chef de l'Etat et une pour le père miraculeux de Mazarine), la secte s'est mise à monter la garde. Mitterrand ayant été ces jours-ci reconnu coupable d'atteinte à la vie privée de quelques braves gens, on a entendu, à la manière d'une fugue de Bach, les vénérables de la secte entonner, l'un après l'autre, le couplet sacré : d'abord la voix graillonneuse de Charasse, puis celle toujours délicate de Mermaz à laquelle succédait, avec accompagnement de pédale forte, la mélopée inquiétante d'Emmanuelli et enfin, suite à des répliques en mineur de Percheron et de Glavany, le chant lyrique de Jack Lang.

Pour eux, Jospin fait figure d'apostat, d'imposteur. Ils enragent de le voir s'approprier la place de Mitterrand et même revendiquer un droit légitime à la succession. Le nouveau chef du parti socialiste se délecte à imposer aux siens le devoir de l'oubli. Jospin parle d'inventaire ; les fidèles, d'héritage. Les Français ne remarquent pas la guerre de religion dérisoire qui s'organise autour de ces deux mots.

15 avril. Mère courage.

Pourquoi Claude-Annick Tissot me rappelle-t-elle tout à coup la députée assassinée du Var, Yann Piat ? A cause de son rire en cascade lorsqu'elle raconte les menaces dont elle a été victime jour et nuit, ou peut-être de sa dénonciation paisible des turpitudes dont les hommes sont capables sous l'effet de la passion et de l'argent, des honneurs et du pouvoir. Comme Yann Piat, elle a un visage émouvant, mobile, tout en facettes. Comme la parlementaire, dont la mort n'a guère causé d'émotion dans le monde politique, Claude-Annick Tissot garde à portée du regard la photo de ses deux filles. Yann Piat se battait contre les dérives mafieuses de la politique sur la Côte d'Azur, les relations entre grands criminels et politiciens sur fond d'argent sale, de chantages, de pots-de-vin, de comptes en Suisse, voire de trafics de drogue. Claude-Annick Tissot est partie en guerre dans la région de l'Île-de-France, la plus riche du pays, où les pratiques politiques ne sont pas bien différentes même si le sang y coule moins. Son adversaire, le parrain ou le patron de la région, est un notable, appartenant au RPR comme elle, Michel Giraud.

L'erreur de Giraud est d'avoir négligé la bravoure et l'audace dont une femme est capable lorsqu'elle est confrontée à l'espèce supérieure et dominatrice des hommes. Dans le système mis en place en vingt ans par Giraud, il n'y avait que des hommes, tous complices, fonctionnaires et élus, avec leurs habitudes, leurs secrets, leurs fringales. En face elle était seule, ou presque, avec pour toutes armes sa candeur et sa fierté. Au plus fort du combat, elle était prête à se battre physiquement avec Giraud et ses lieutenants. Elle le raconte, avec une ferveur joyeuse dans les yeux : peut-être s'agit-il d'un rêve.

Avant elle, personne ne s'était inquiété de l'enrichissement tapageur de Giraud : ainsi, on peut débuter en politique sans fortune et se retrouver quelques années plus tard propriétaire d'un château, d'un yacht, d'une villa dans le Midi... Il n'y a qu'une femme pour se livrer mentalement aux comptabilités domestiques et y déceler des bizarreries. Nous, nous ne nous abaissons pas à ces curiosités ordinaires : avec tant d'hommes politiques qui se sont constitué, sans honte, un joli magot, nous aurions trop à faire.

Femme, et par conséquent étrangère au sérail masculin qui exerce le pouvoir, la petite Madame Tissot ne comprenait rien aux usages et aux codes en vigueur dans notre démocratie. On lui avait dit, pourtant, qu'elle était nommée au contrôle des marchés publics parce qu'elle était parisienne, RPR et protégée de Chirac. Elle est tombée des nues en découvrant le circuit financier reliant, via les marchés publics de la région, l'argent des contribuables et les dépenses électorales de son parti. Le père de ses enfants – selon sa malicieuse expression – était de l'entourage chiraquien : elle était donc censée se soumettre à la loi du silence, fermer les yeux. Encore eût-il fallu le lui préciser, noir sur blanc, au lieu de la laisser sottement dénoncer dans la presse les anomalies et les irrégularités présidant à l'attribution de marchés publics considérables.

Une fois partie, elle ne pouvait plus être retenue. Elle persistait à croire, malgré les avertissements, que Chirac lui saurait gré d'avoir mené le combat de l'honnêteté. Il aurait fallu lui faire un dessin.

— Si c'était à refaire ?

Elle rit de son bon tour.

— Vous allez causer de terribles embarras à votre camp, à Chirac.

Elle rit de plus belle. Elle a été lâchée par eux, en rase campagne. Elle les aime toujours. Vous voyez bien : il n'y a qu'une femme pour confondre ainsi les devoirs du cœur et ceux de l'Etat.

15 avril. Eruption.

Le printemps donne des boutons aux pucelles et la fièvre aux députés. Mais on lui pardonne ces effets secondaires lorsqu'il se met à arroser, d'un soleil diaphane, ce qui est rare, les pierres de la capitale. Le Palais-Bourbon reçoit de plein fouet ce miracle, et la salle des Colonnes qui, de nos jours, n'abrite plus de complots mais de vains papotages n'en perd pas une miette. Nos élus, rentrés de vacances la tête pleine de plans de campagne, s'attendrissent devant les pelouses de l'hôtel de Lassay qui n'ont jamais connu le moindre désordre, pas même aux pires moments de notre histoire parlementaire.

Il existe des affinités, maintes fois constatées, entre les jeux politiques et les variations saisonnières. En avril, le Parlement ne se découvre pas d'un fil pour voter des lois, tirées des placards, qui n'exigent pas de grandes envolées. Entre deux amendements, dans l'or pâle tombé du ciel, ces messieurs et quelques dames députés rêvent d'affrontements et de métamorphoses. On sort de l'hiver : il est temps de s'arracher aux sondages et aux indices fondamentaux que projettent les ministères.

Nul ne sait ce qui a bien pu déclencher cette éruption parlementaire. Juppé était paisible, Chirac muet et le bon père Barrot sonnait la fin de la récréation pour les médecins des hôpitaux. C'est alors qu'une brusque fièvre s'est emparée du Palais-Bourbon, vidant l'hémicycle, envahissant buvettes et corridors. Le bruit, bientôt démesuré, d'élections anticipées a envahi le sérail, plongeant les uns dans des rêves de victoire et les autres dans l'angoisse. D'ordinaire, cette perspective de mobilisation ne fait pas l'affaire des députés dont beaucoup, dès le lendemain de leur élection, ont contracté un prêt sur cinq ans au taux zéro pour s'acheter une fermette à aménager ou une villa pieds-dans-l'eau. Mais aujourd'hui, un an à l'avance, majorité et opposition sont prises d'une envie d'en découdre.

— C'est le moment, il y a une petite fenêtre, dit-on à droite.

— Allez-y, répond la gauche, nous sommes prêts.

Juppé a fendu les conciliabules, d'un air orgueilleusement sibyllin. Et Chirac? Là-bas, de l'autre côté de la Seine où patrouillent des péniches peuplées de touristes ignorant le branle-bas de combat, Chirac écoute, médite et se tait. Un Chirac silencieux donne matière à toutes sortes d'interprétations. Ce mutisme est si surprenant qu'on peut en attendre un coup de théâtre. Ses visiteurs, ses amis sortent de l'Elysée déconcertés d'avoir été entendus par lui avec gravité mais de n'être nullement éclairés sur les idées qui le traversent.

Dans un proche passé, Chirac parlait plus vite que son ombre. En public comme en privé il vous balançait à travers la figure des énormités telles qu'on se demandait s'il plaisantait ou non. Puis il réfléchissait, se faisait rabrouer par ses proches et balayait sa faute d'un mouvement large de la main :

— Bon. J'ai encore lâché une connerie.

Au bout de vingt mois d'une fonction qui ne laisse rien au hasard, où tout ce qu'il dit et fait subit un contrôle minutieux, il lui a fallu apprendre à se taire et à rester dans son fauteuil, en évitant cette fébrilité de la cuisse qui, naguère, lui tenait lieu de réplique.

Aujourd'hui, il fait alterner, depuis sa tour d'ivoire, les rumeurs et les démentis. Les députés, les premiers et presque les seuls à être personnellement concernés par son choix – dissoudre ou ne pas dissoudre l'actuelle Assemblée (dominée par une majorité telle que les monarques eux-mêmes n'oseraient en rêver) –, grillent d'anxiété. L'histoire dira peut-être un jour, pour autant qu'elle s'intéresse à ces folles journées, si Chirac a organisé lui-même cette dramaturgie du doute, ou s'il n'a fait que manifester son impuissance à assumer un choix trop lourd pour lui.

Ceux qui reviennent de l'Elysée, avec des mines de confesseur, sont harcelés de questions.

— Voici ce que je lui ai dit, commencent-ils en fermant les paupières.

— Et lui, que dit-il? Quel air a-t-il?

Pas de réponse. Certains avancent que Chirac n'a encore rien décidé, sans se rendre compte qu'ils formulent ainsi, à son endroit, une insolence. Les députés, dont les jours sont peut-être comptés, en sont réduits à aligner des arguments, tous impeccables mais inutiles. On sait que Chirac s'est enfermé avec le petit cercle de ses conseillers éminents, qu'il est nerveux, maussade, agité, que les sondages d'opinion encombrent son bureau, que les avertissements de Kohl lui reviennent en mémoire, que les prévisions des experts ajoutent à ses inquiétudes. De là à en conclure qu'il franchira le Rubicon...

Dehors, le soleil continue de se montrer agaçant et impavide. Les flâneurs aussi. Nos hommes politiques se relaient au chevet de la France, de l'Europe, de la majorité. Et les Français, malgré l'amplification de ces énigmes par les médias, s'en moquent. Même dans les bistrots, on parle d'autre chose – et Dieu sait pourtant si les Français sont captivés par les soubresauts de la vie politique.

20 avril. Horlogerie.

Transformé, par les marionnettistes de la télé, en battant d'horloge de Westminster, Jospin n'avait pas volé cette heure de consolation que le petit écran lui a offerte. C'est lui qui a ouvert la campagne avant même son coup d'envoi officiel par Chirac. Entre deux batailles électorales, le chef des socialistes est un homme renfrogné, hésitant et renfermé. Mais sa performance inattendue de 1995 lui a assigné une vocation : celle de mener les troupes de gauche à l'assaut de la droite. Le voici tout ragaillardi, ma foi presque pétulant. Les élections vont l'obliger à sortir de sa tanière. Il devait s'y morfondre à rédiger des motions de synthèse.

Cette journée d'avance du chef de l'opposition sur celui de l'Etat et de la majorité devrait inciter Jospin au bonheur s'il était superstitieux. Mais de tous nos hommes politiques il est celui qui croit le moins aux signes et ne lit ni dans les étoiles ni dans la boule de cristal. Chirac, lui, a dû consulter quelques divinités primitives avant de lancer les dés sur le tapis. Quant à Juppé, il n'a besoin d'aucune sorcellerie pour se savoir imbattable.

Cette bataille électorale se réglera entre ces trois hommes. Derrière, leurs troupes traînent les pieds. Le peuple, arbitre suprême de leur confrontation, n'avait pas inscrit cette bataille électorale à son programme de printemps. Pas un de nos experts ne se risque à esquisser un pronostic. Les Français n'aiment pas être dérangés dans leur calendrier. Eux seuls ne sont pas préparés à une élection pour laquelle nos hommes politiques se déclarent fin prêts depuis des semaines.

La France était en veillée d'armes et n'en savait rien. D'avoir ainsi la main forcée risque de provoquer de sa part, comme chez ces vieux fauves repus et assoupis, une réaction inattendue. On lui reprochait sa morosité. Mais ceux-là mêmes qui formulaient des vœux pour son réveil, à présent, en prennent peur.

21 avril. L'appel.

Les choses étaient si simples qu'elles pouvaient s'énoncer clairement. Chirac en appelle aux électeurs parce qu'il lui manque, à lui-même ainsi qu'à son gouvernement, le minimum vital en matière de confiance populaire.

Au lieu de nous délivrer cette vérité, avec ce qu'il faut de modestie et de chagrin, il a énuméré tant d'explications, de problèmes, de lieux communs — ah! « l'union fait la force » : ma bonne grand-mère, tout comme la sienne sans doute, le chantonnait en pleurant chaque fois qu'elle épluchait des oignons — que ses chers compatriotes n'en ont pas retenu un seul. Il y a, chez Chirac, les beaux restes du solide élève de l'ENA qu'il fut. Il a toujours peur d'oublier un mot, une phrase, en rédigeant sa copie. Celle-ci était parfaite jusqu'à l'indigestion. Il y jetait parfois les yeux pour ne pas glisser de sa selle. Mais il y avait tant d'accablement dans sa récitation que beaucoup de Français en auront eu le cœur serré. Je n'ose dire que le roi était nu parce que, malgré la raideur de son torse, la sévérité de son index et la minceur de son sourire, Chirac n'a toujours rien d'un monarque.

N'ayant ni la majesté de De Gaulle, ni l'autorité bourrue de Pompidou, ni la rhétorique ondoyante de Mitterrand (et ne parlons pas de Giscard pour lui épargner les souvenirs), Chirac, avec méthode, a collecté et aligné tous les arguments que lui ont soufflés, depuis quelques semaines, ses conseillers qui ne sont pas les payeurs : des grands patrons de l'industrie ou des affaires, des éminences grises patriarcales, sans oublier le Premier ministre Juppé et le Grand Vizir Villepin. Ces deux-là jouent gros dans l'affaire : si la bataille était perdue, c'en serait terminé de leur superbe intellectuelle, de leur morgue, de la crainte qu'ils font souffler à tous les étages supérieurs de l'Etat. Depuis deux ans, ils ont à maintes reprises forcé la main du président de la République, associés dans une entreprise de conquête du pouvoir en vertu de l'intelligence – comme si l'intelligence, je vous le demande, devait commander à la politique.

Ce soir encore, Chirac n'est que leur truchement. Mais dans sa voix résonne, encore discrète, une menace. Il a vécu, lui, la tragédie des élections perdues. Il a éprouvé cette douleur de n'être point compris ni aimé, de se retrouver tout à coup, par la conjonction des chiffres, relégué dans une obscurité misérable. Il s'est promis de ne plus jamais vivre ces instants de veuvage. Juppé et Villepin pourront toujours prendre leur revanche. Chirac, lui, est parvenu au sommet, là où toutes les chutes sont mortelles.

22 avril. Dramaturgie.

La politique relevant du genre théâtral, il convient d'en soigner la mise en scène, lumières, décor, costumes, le geste des acteurs et l'inflexion de leur voix. Chaque parti a son style : la droite œuvre dans la sobriété académique. Juppé, en prologue à la représentation (dont on ne sait si elle sera tragique ou burlesque), s'est autoproclamé chef de troupe, généralissime de cette campagne à laquelle il aspirait tant.

Il s'est présenté sur la scène, devant le public

complaisant de tous les élus et candidats de la droite dont certains réussissaient même à l'entendre avec béatitude. Miracle du théâtre. Sur scène, Juppé était flanqué de deux quinzaines d'hommes, selon le dispositif réglé par de Gaulle pour ses ministres. Trente hommes et deux femmes, les pauvrettes, reléguées au second rang, derrière un Pasqua qui dormait d'une paupière et demie, à la façon de Monsieur Barre, d'un Séguin qui échangeait des clins d'œil avec son public, d'un Balladur vêtu de marbre telle une statue du Commandeur.

Juppé les avait enrôlés, au prix d'un siège, sans se faire d'illusions sur leur fidélité ni sur leur affection. Il se moque bien d'être aimé. Suffit que « manque personne ». On ne dénombre que trois absents, dûment excusés : Giscard, qui ne saurait être perdu dans le troupeau des parlementaires de base, Barre qui ne se produit qu'en solo, et Madelin, inutile et déplacé dans un rôle muet.

Juppé en chef, le crâne rutilant de savoir, la voix en roulement de tambour, le torse comme sanglé d'un invisible baudrier : c'est un numéro connu dont le public, semble-t-il, commence à se lasser. Dans les apparences de l'autorité, il en rajoute comme les acteurs des tournées de sous-préfecture. Le spectacle, c'est Balladur, tellement honteux d'être placé sous les ordres d'un sous-officier qu'il retient son souffle et évite de donner à son visage et à ses mains la moindre trace de vie. Va-t-on le présenter ainsi devant les électeurs afin que l'un d'eux lui arrache un regard ? Un récent dimanche, comme j'étais allé acheter des champignons à un marché dominical, je tombe en arrêt sur un cercle autour duquel la foule se tenait à distance respectueuse : deux grands Noirs souriaient de toutes leurs dents, dans des costumes achetés la veille, et entre eux, devinez qui ? mon Balladur, dans son petit pardessus à six boutons ! Il posait pour une photo-souvenir que prenait un troisième Noir en sautillant. Il était au supplice. Quelques femmes, de celles qu'on appelle en semaine des ménagères, gloussaient sans méchanceté. Au troisième cliché, il a eu un geste pour signifier que le contrat était rempli et il a vite filé, de peur d'être reconnu par un insolent dans mon genre. Quelle singulière idée a-t-il eue d'aller se faire élire, et se contraindre ainsi, à l'heure de la messe précédant les brioches, à passer en revue les marchandes de salades et de harengs ! Un peu plus tard je l'ai revu de loin, tenant du bout des doigts la ficelle de papier rose enfermant un gâteau dans un carton. C'est à cet instant qu'il eût fallu le prendre en photo pour l'éternité, pardon : pour l'Histoire. Balladur finira, mort ou vivant mais momifié, dans la vitrine d'un pâtissier du XVIe, un plum-pudding emballé à la main.

Le lendemain de la photo de famille avec Juppé, Balladur, en guise de pénitence supplémentaire, s'est rendu chez Chirac à l'Elysée. La presse avait été prévenue. Remarquez : la voiture de l'ancien grand présidentiable s'est rangée au bord du perron et après les quarante minutes, durée minimum d'une audience présidentielle, il a été raccompagné jusqu'au bas des marches, comme un souverain étranger, par le chef de l'Etat. C'était la première fois que les deux hommes se voyaient en tête-à-tête et les souvenirs ont dû voler entre eux comme de vilaines mouches. Balladur a promis son concours : pas pour Juppé, pour la France. Juppé, Balladur : les mauvaises langues murmurent que la majorité ne sait plus à quel saint se vouer. Si les sondages baissent on fera appel à Giscard.

Et à Line Renaud.

26 avril. Vieillesse.

Il y a encore des gaullistes, des vrais, mais naturellement ils sont vieux, drapés dans leur croix de Lorraine comme dans un linceul. Leur porte-drapeau Charles Pasqua les a réunis dans un théâtre portant le nom d'André Malraux et ils sont venus, les hommes et leurs bedaines, les femmes et leur triple couche de maquillage. Tous avec leurs trente ans de nostalgie. Beau spectacle que cette fidélité inébranlable à un culte dont, après eux, on aura perdu le souvenir. Pasqua a célébré la cérémonie, en adressant son homélie à Chirac, à Juppé et aux comparses qui revendiquent le label gaulliste, à l'intention exclusive des électeurs du troisième âge.

Longtemps, Pasqua fut la vedette américaine des congrès ex-gaullistes. A présent, il ne brille plus que dans des théâtres de banlieue et devant des publics décimés. Nul en France ne lui accorde plus guère d'importance ni d'influence. Mais il rêve de mourir à une tribune, entre deux sentences et d'avoir des funérailles dans la cour des Invalides, en présence de son ami Chirac, son ami de vingt-cinq ou trente ans. Il ne remplit plus que des petites salles – mais enfin il les remplit.

Pasqua ne veut pas dételer, et il n'est pas le plus ancien. Le RPR a décidé que nul ne pourrait plus être candidat aux élections passé l'âge de soixante-quinze ans : à l'exception d'Olivier Guichard, que l'Assemblée n'intéressait plus, personne n'a obéi. Ils sont sept, à nouveau candidats, prêts à sonner aux portes et à caresser des paumes avec la même ardeur qu'à leurs débuts. Sept, indignés qu'on ait osé mettre en doute la verdeur de leur cerveau et autres organes, sept ayant encore beaucoup à dire sur les Français et l'art de les gouverner. Sept, furieux qu'on ait osé les mettre à la retraite sans leur offrir une fonction de compensation.

Parmi ces sept indésirables, le Corse Jean-Paul de Rocca-Serra, quatre-vingt-cinq ans, surnommé le « Renard argenté » plutôt pour des raisons financières que pour la couleur de son pelage. Cet homme a accueilli la consigne de son parti avec une indifférence de grand seigneur. Un Rocca-Serra n'a jamais accepté d'ordre de qui que ce soit. Pas même de Chirac. Juppé lui devra des excuses.

La première fois qu'il a été élu au Parlement,

c'était au Sénat en 1955, aux beaux jours de la IVᵉ République, comme gaulliste en un temps où ce mot ne forçait pas le respect. Il est arrivé dans cette assemblée des sages (qui s'appelait alors le Conseil de la République) et a été accueilli par un homme au sang chaud qui s'appelait Michel Debré.

Il a fait le tour du palais, serré la main des huissiers corses et demandé à Debré les usages de la maison. Se tapant la poitrine qui présentait une anormale boursouflure sous le veston, il a demandé à son cicérone, avec un bel accent corse :

— C'est bien beau, ici. Tout cet or sur les murs, sur les plafonds. Mais soyons sérieux.

Indiquant la poche gonflée de son veston :

— Est-ce qu'on peut entrer dans l'hémicycle en étant... garni ?

On lui a répondu :

— Pas de problème, et même avec un bazooka si ça vous chante.

Je ne sais si, à présent, l'argent de sa chevelure s'étant transformé en neige fine, Rocca-Serra se déplace toujours avec sa quincaillerie de vendetta sur la poitrine. Il n'en a plus besoin. Il se fait respecter par des moyens moins explosifs dans son île de Beauté et, par contrecoup, à Paris.

Quant à l'investiture du RPR, il s'en moque comme de sa première garniture.

28 avril. Etiquette.

Il faut plus de virtuosité que n'imaginent les éternels sceptiques pour choisir à point nommé l'appellation contrôlée adéquate. Et davantage encore pour en changer sans perdre les électeurs au cours de l'opération. Le champion, de nos jours, est le maire d'Auxerre Jean-Pierre Soisson, loyal serviteur du cru de Chablis, du Football-Club de sa ville et de la mémoire de Charles le Téméraire : un homme-orchestre à la mine fleurie et à la poignée de main chaude. Il a été à la bonne école d'Edgar Faure qui se défendait en ces termes : « Ce ne sont pas les girouettes qui tournent, c'est le vent. » Soisson n'éprouve pas le besoin de se justifier : il effectue ses allées et venues sur la pointe des pieds. Le temps qu'on s'en aperçoive, il est retombé de l'autre côté.

En 1983, deux ans après l'élection de François Mitterrand, il se sent déjà des fourmis dans les jambes. Il est tout de même réélu maire d'Auxerre, sous l'étiquette du parti républicain dont il a été le secrétaire général du temps de Giscard. Puis réélu député en 1986 et 88 sous le même sigle. Mais Mitterrand ayant été reconduit à l'Elysée, Soisson vire à gauche pour entrer au gouvernement : « Pourquoi fait-on de la politique, s'étonne-t-il, sinon pour devenir ministre ? » En 1989, le voici à nouveau maire d'Auxerre mais comme socialiste, et député de l'Yonne quatre ans plus tard en tant que « réformateur ». Mitterrand, qui l'a connu jeune énarque, un peu lourdaud et fils d'une notabilité auxerroise, est ébahi et le couvre d'honneurs ministériels. Aujourd'hui, Soisson est candidat comme chiraquien de gauche. Entre-temps, il a été président de la Région de Bourgogne grâce à la complaisance d'un négociant en vins du Front national.

Essayez donc d'en faire autant...

Son cadet Olivier Stirn a bien tenté de l'imiter mais sans succès : on l'a vu successivement dans l'ombre de Chirac, puis dans le train de Giscard, enfin rallié à Mitterrand dont il a été ministre quelques mois, faisant admirer à la tribune des réunions socialistes une coiffure tout en bouclettes et friselis. Il vient de solliciter le droit de rejoindre l'orbite chiraquienne. Sans pitié, le RPR lui a imposé une mise à l'essai : qu'il donne d'abord des preuves tangibles de sa sincère conversion. L'étiquette, ce sera pour une autre fois.

Autre médaillé du saut de carpe, mais qui ne paie pas de mine, et à qui on ne prêterait pourtant pas une once de cynisme : Pierre-André Perissol. Passé du crédit au logement (et des HLM) à la politique, il a été élu en 1983 conseiller municipal du XIIIe arrondissement de Paris sous le label du parti républicain, celui de Soisson. Il passe cinq ans sans se faire remarquer. En 1988, Mitterrand réélu ayant décidé des élections législatives anticipées, Perissol s'en va discrètement rendre visite au dirigeant des socialistes de Paris, Jean-Marie Le Guen. Et tout à trac lui demande une investiture à Paris, comme représentant de l'ouverture annoncée par le président réélu. Le Guen le regarde de la tête aux pieds, et refuse. Econduit, le pauvre homme sonne à la porte du RPR qui l'accueille et lui offre en guise de bienvenue un titre de maire-adjoint de la capitale. Quand il croise Le Guen dans les corridors de l'Hôtel de Ville, il se ratatine du côté du mur. Mais il trouvera bientôt une consolation comme député de l'Allier, puis maire de Moulins.

C'est ainsi que l'on devient chiraquien, et ministre en prime; mais le parcours exige une humble patience dont le commun des mortels est rarement capable, et surtout cette duplicité de l'esprit – propre à tant de Français – qui permet de confondre la droite et la gauche, leurs valeurs et leurs propositions.

30 avril. Intelligentsia.

Force est de constater que les intellectuels de notre pays sont de tristes individus sans foi ni couilles. Chirac n'a sûrement pas mis deux ans pour parvenir à cette découverte. Il se mordrait les phalanges d'avoir misé sur la solidité de leurs convictions. Ce qu'on appelle un intellectuel n'est jamais qu'un politicien rentré qui lape la soupe jusqu'à la dernière goutte pour vous en recracher la moitié à la figure au moment où vous ne vous y attendez pas.

A la fin de l'année 94, alors qu'il croupissait dans les tréfonds des sondages, Chirac avait été ébloui quand quelques-uns de ces hommes, dont l'intelligence est le métier, étaient venus à lui pour l'arracher au désespoir. Jusque-là, il pensait que cette espèce, réputée supérieure, relevait du patrimoine exclusif de la gauche. Il ne s'était pas aperçu que les intellectuels n'aiment rien tant que les causes perdues et les seigneurs déchus. Il s'était mis à les choyer – ravi et sans doute surpris que de si beaux esprits pussent avoir pour lui estime et considération.

Chirac est dépourvu de vanité à un point incroyable. Il est bardé de certitudes qu'il ne révise pas tous les matins. Il n'effectue pas le tour de son parc présidentiel pour donner de l'air à ses concepts métaphysiques. Chez lui, l'enjambée remplace la pensée. Mais songeant à ses prédécesseurs qu'il a tous côtoyés, admirés et parfois haïs, il se sait d'une dimension légère-ment inférieure : tous étaient de grands cer-veaux, de fins stratèges. Par comparaison, il est un gai laboureur, avec un cœur aussi large que la main, mais dépourvu d'inspiration.

Si humble soit-il, Chirac a fort mal encaissé les gracieusetés dont « ses » intellectuels viennent de le gratifier. L'un, Guillebaud, dit : « Chirac a éveillé notre intérêt parce qu'il y avait alors un phénomène de balladurisation générale. Mais c'était sans illusions sur l'homme. » Et d'un. Le second, Emmanuel Todd, qui se fit un nom du jour au lendemain sur le dos de Chirac, enchaîne : « C'est un inconsistant. Il a une sensibilité aux gens, mais pas la force de caractère pour agir. » Et de deux. Le troisième, Paul Thibaud : « C'est en dissolvant l'Assemblée au nom de l'Europe qu'il a fait sa bêtise. » Tillinac, le Corrézien, trahissant son devoir de mousquetaire du compatriote, se lamente d'un retour à gauche, tandis que les autres corrigent : « Nous savions que c'était quelqu'un de droite. » Emmanuel Todd, un instant distancé par ses confrères, s'octroie le coup de pied de l'âne : « Un intellectuel qui est entré en contact direct avec l'homme Chirac, fort sympathique au demeurant, ne peut pas le prendre au sérieux. »

Bah ! Ces pédanteries n'auront sans doute pas blessé cruellement Chirac qui a, comme Mitterrand, le cuir mille fois tanné par les aléas de sa carrière.

Ce président-ci, comme son prédécesseur, avait cru qu'il fallait réunir autour de soi, lorsqu'on montait sur le trône, des poètes et des philosophes, des beaux esprits reconnus. Mais l'électeur d'Ussel, hein ? Pense-t-il que le président est meilleur parce qu'il réunit à sa table une demi-douzaine d'académiciens et de savants ? Chirac est à présent averti : donnez-lui plutôt des Cantona, des Platini et des Jeannie Longo.

Pour panser la plaie de son amour-propre, une idée lui tombe du ciel : Chirac va appeler son ministre olympique Guy Drut.

1er mai. Idoles.

J'ai connu les belles époques où les campagnes faisaient éclore et fleurir les hommes providentiels. Ah ! voir un Giscard ou un Mitterrand fendre une foule dans le sens de la longueur, dans la bousculade des caméras, accompagnés, comme les augustes de nos vieux cirques, par un cercle de lumière blanche, dans un concert de trompettes et de cymbales. Même un journaliste ne pouvait rester impassible quand une mère de famille s'accrochait, vacillante, extasiée, au bras de son grand homme, brisée par une émotion qui lui arrachait des gémissements d'amoureuse. Et lorsque mille gosiers scandaient le nom de l'idole, nous avions bonne mine, nous autres, les pisse-vinaigre, à garder la bouche pincée. Le bonheur des militants nous giflait comme un reproche et, privés de pancartes et de tee-shirts à la gloire du héros, nous nous sentions endeuillés.

Les temps sont durs : nous n'avons qu'un Juppé ou un Jospin à nous offrir et je me demande comment font leurs partisans pour feindre l'enthousiasme – devant les télévisions – et pousser des cris au signal donné.

Prudents, nos hommes politiques se contentent de théâtres de sous-préfecture, les seuls qu'ils puissent remplir à l'heure de nos feuilletons. Le Pen lui-même a renoncé à la candidature de peur de ne pas obtenir autant de voix que Mégret. Les Français jugent, à bon droit, que, sans acteurs populaires, le spectacle ne vaut pas le déplacement. Savoir s'ils se réveilleront le matin du vote...

2 mai. Météo.

Le mois de mai, chez nous, est une institution que le monde nous envie. L'été se livre à des galops d'essai répétés, les dimanches se cognent

les uns aux autres sans respect pour le calendrier : les vacances font leur apprentissage.
Beaucoup de Parisiens quittent bêtement la ville
pour s'en aller à la recherche d'improbables iti-
néraires futés où ils retrouvent des bouchons
plus épais que sur les autoroutes. Dans Paris
ainsi délesté et revenu à la nonchalance, on
croise des gens vêtus comme à la plage. Des touristes se bousculent à la porte du musée Carna-
valet sans connaître le nom de la maîtresse des
lieux, Mme de Sévigné, chroniqueuse de génie
et mère si dévoreuse qu'elle serait de nos jours
condamnée par les tribunaux.

Et la campagne ? Eh bien, elle baguenaude
d'entracte en entracte. Des électrices mouillent
leurs pieds dans le bassin du Luxembourg, sans
être troublées par le regard des sénateurs. Des
électeurs assis sur des pliants lancent leurs lignes
dans les eaux de la Seine, pour la beauté du geste
mais sans espérer pêcher quoi que ce soit. Le
mois de mai n'est pas doué pour les compéti-
tions électorales ordinaires, présidentielles
exceptées. Les citoyens n'aiment pas être
déboussolés, trop occupés à humer des sem-
blants d'odeurs marines dans l'air de la capitale
provisoirement privé de ses pics de pollution. Je
croise des voisins :

— Vous ne devez pas chômer, par les temps qui courent, dites...

Je prends l'air exténué et soucieux. La réputation, hein! Mais en vérité, mon métier étant de suivre une campagne électorale, je ne vais pas la précéder ni la forcer à presser le pas. Quand elle musarde, en se contentant d'une gorgée de Jospin, d'une cuillerée de Juppé (et aujourd'hui d'une injection indolore de Balladur), j'en fais autant et, assis à la terrasse d'un café, je trahis sans remords le libéralisme et la flexibilité, la social-démocratie et ses prélèvements obligatoires, la décentralisation, la consommation (celle des ménages), la communication.

En novembre ou en mars, les élections traduisent une accablante stabilité. Les raz de marée ne sont pas fréquents, celui de 1993 étant l'exception. On se prépare à l'hiver ou bien on s'en relève : voilà qui n'incite pas aux chambardements imprévus. Mais quand les élections ont lieu fin mai-début juin, pour peu que la météo se mette de la partie, il faut s'attendre à des montées brutales de sève, des explosions de désirs, des besoins d'aventures. 1968, 1981, 1988 : ces trois élections d'avant l'été, toutes consécutives à des dissolutions soudaines, ont traduit de forts mouvements d'humeur du corps électoral.

Les Britanniques, qui viennent de voter, estimaient que le miraculeux ensoleillement dont ils viennent de profiter ferait le jeu des conservateurs. Pourquoi ? C'est un secret de ces docteurs ès démocratie. En France, nous dirions plutôt que le beau temps favorise les abstentions. Mais personne ne saurait prévoir lequel des deux camps en tirera profit.

Terrien de Corrèze, du moins d'adoption, et grand ami des paysans, Chirac n'a pas choisi par hasard cette saison des premières fenaisons et des récoltes précoces pour la moisson des suffrages. Il sait que la léthargie hivernale – appelée morosité en politique et, en économie, récession – fera place à coup sûr, dès que le soleil chauffera le terrain, à des ardeurs. Le mois de juin n'est fait ni pour la grogne ni pour le désespoir. Donc les Français voteront bien.

Mais, pour le moment, les Français, tout à leurs retrouvailles prochaines avec l'été, manifestent envers cette campagne électorale une indifférence plus que royale. Les appels et les discours d'un Juppé, d'un Jospin, de tous les autres acharnés à trouver les mots qui touchent, laissent nos compatriotes de marbre. En bousculant ainsi les saisons, en manipulant le calendrier, le président risque fort de fâcher les dieux.

Est-il superstitieux, comme tant d'hommes politiques ? N'a-t-il pas commis une espèce de sacrilège ? A droite comme à gauche, on dresse le même constat :

— La mayonnaise ne prend pas.

Tous les ingrédients manquent. Et, du train où nous allons, si ce diable de soleil est au rendez-vous des deux tours, les Français risquent de voter d'un mouvement d'épaules. Signe inquiétant : les mêmes personnes, qui applaudissaient au coup de génie des élections anticipées, commencent à s'inquiéter. Les premiers appels au secours de la droite viennent d'arriver aux oreilles de Chirac.

3 mai. Blasphème.

Le vieux sage de l'Elysée, Maurice Ulrich, fidèle de Chirac depuis des lustres, a le cheveu blanc, l'œil bleu et les manières du diplomate qu'il fut jadis. C'est un sorcier : il lit dans le cerveau des journalistes et dans les entrailles des parlementaires. Rien ne lui échappe, ni une virgule, ni un soupir. Nos articles arrivent sur son bureau avant même de passer sous la rotative.

Ulrich appelle mon confrère Philippe Reinhardt qui vient de rédiger une chronique pour le prochain numéro du *Nouvel Economiste*. L'encre n'est pas encore sèche. Le texte vient à peine de parvenir à la mise en pages du journal avec son gros titre blasphémateur : « Eh, oui ! La droite peut perdre ! » Pendant la première cohabitation, Ulrich était, au cabinet de Chirac, le patron de Reinhardt qui, cinq ans plus tard, est passé à l'ennemi balladurien.

— Qu'est-ce qui vous prend ? dit-il avec aménité. Vous savez bien que nous aurons trois cent trente députés – au moins cinquante sièges de plus que la majorité absolue. A quoi jouez-vous ?

Reinhardt est de droite, mais il ne doit rien à la droite. Lorsqu'il sort de table, avec un bâton de chaise aux lèvres, il a l'insolence chatouilleuse :

— Trois cent trente à droite ? Comme vous savez, étant l'homme le mieux informé de France, il y en aura trois cent dix à gauche. Le compte n'y est pas, ou plutôt il y est trop.

Ulrich a raccroché : si la majorité l'emporte, dans moins d'un mois, l'ami Reinhardt devra changer de métier, se convertir au commerce des cigares ou à la viticulture dans le Bordelais. Nul ne sait combien de carrières sont brutalement jetées au placard par la faute d'un point d'exclamation superflu, ou d'un bon mot jeté sur le papier par inadvertance. Une phrase tombée sous le regard d'Ulrich, et vous voilà hérétique et relaps : l'Elysée dresse déjà la liste de ses excommunications.

4 mai. Tout-petit.

En traitant Robert Hue de « nain de jardin », Le Pen pensait lui assener un de ces outrages dont on ne se relève pas, et le frapper de ridicule. Erreur. Le « Duce » du Front national connaît mieux les beaux parcs à l'anglaise de la colline de Saint-Cloud que les jardinets des banlieues jadis rouges. Il a oublié que, dans le conte de *Blanche-Neige,* ce sont les nains qui ont le beau rôle et sauvent la triste princesse des complots de la méchante reine.

Oh! Robert Hue ne sera pas le sauveur de la gauche en péril. Mais pour un coup de main, dans le genre mécano bénévole, il est l'homme qui convient. Ça ne se discute pas. Marchais était irremplaçable, avec ses invectives joyeuses et ses mines de grand méchant loup. Il n'a pas été remplacé et, chaque jour, les dirigeants communistes, qu'ils soient rénovateurs ou non, sont interrogés sur la santé de leur ancien patron. Mais Robert Hue, sous bonne surveillance, se donne un mal fou pour trouver les arguments adéquats. Les militants communistes lui sont reconnaissants de transpirer et bafouiller ainsi dans l'espoir de se montrer à la hauteur.

Tous ses efforts ne feront pas de son parti le grand mouvement des travailleurs qu'il fut sous Marchais, avec une bonne courroie de transmission, la CGT, qui vous bloquait alors l'électricité, la poste ou le transport ferroviaire au doigt et à l'œil. Question rapport de forces, il n'y a pas photo. Le parti communiste, combien de divisions ? Deux fois moins que le Front national. *L'Humanité* cherche des actionnaires pour se doter d'un capital. Les militants ont trop de rhumatismes pour aller distribuer des tracts, le matin, sur les marchés.

Il y a quinze ou seize ans, la droite faisait trembler ses électeurs en leur annonçant qu'avec les communistes au pouvoir les chars soviétiques viendraient bivouaquer place de la Concorde et que des goulags seraient ouverts sur les terres berrichonnes. C'était le bon temps : Marchais était parfait dans sa fonction d'épouvantail à étourneaux. Même Alain Juppé n'oserait plus imaginer Robert Hue, avec sa bouille ronde, son crâne, sa barbiche, ses sourires à pleines dents, en apparatchik d'un régime totalitaire.

Il ne faut pas se fier aux apparences : ce même homme, parfois déférent jusqu'à l'obséquiosité, notamment avec les journalistes, est entré au parti communiste à seize ans, en 1962, lorsque la guerre froide menaçait d'embraser la planète. Il n'a connu qu'une famille : le PC. Il a gravi les échelons sous Khrouchtchev, sous Brejnev, sous Andropov et Gorbatchev. Toujours obscur et discipliné, jamais un mot plus haut que l'autre. On ne lui connaît de troubles de conscience ni lorsque les chars soviétiques ont envahi Prague ni lorsque Jaruzelski a maté la Pologne. Il a toujours été dans le rang et le voici au premier, faute de concurrent. Quand il débite le message de son parti, on ne peut s'empêcher de songer que la machine communiste, si rouillée soit-elle, lui a mâché et remâché la besogne et qu'un censeur quelconque (le sien s'appelle Blotin), dans l'ombre, note ses éventuels écarts de langage. Trente-cinq années de discipline et d'abnégation ne s'effacent point.

Je suis assis face à Robert Hue. Rien de plus attendrissant que son visage lorsqu'on évoque son entrée possible au gouvernement. Nous rêvons simultanément : Robert Hue sur le perron de l'Elysée, peut-être à la droite du Premier ministre ou à la gauche du président de la République, toute barbe dehors, les lunettes embuées, et un sourire béat sur ses petites dents carrées de carnivore. Des photographes se bousculent au bas des marches présidentielles. M. Hue, au premier rang, bombe le torse pour corriger sa petite taille, songeant peut-être à toutes ses nuits blanches passées à rabâcher les catéchismes marxistes-léninistes, quand il n'avait même pas le droit à la parole dans les congrès de son parti.

Ce soir, nous n'en sommes pas là. Robert Hue ne fait encore que trottiner dans le sillage de Jospin. A force de régler ses pas sur ceux de l'autre qui l'écrase de toute sa taille, il finira par se glisser à une place de choix. A cette idée, une fugitive extase le traverse. Un contradicteur – il s'agit de Philippe de Villiers – lui lance à la figure les crimes de Staline et le mur de Berlin. Robert Hue répond sans se fâcher : on voit bien qu'il est ailleurs.

7 mai. Papier.

Cet homme étant aussi indispensable à la présidence de la République que le garde républicain à sa guérite, n'allons pas reprocher à Pilhan de faire du Pilhan. Quel que soit son illustre client, il lui prescrit les mêmes ordonnances. Il vient de convaincre Chirac d'adresser une lettre à tous les Français.

Je me trouvais en 1988 – coïncidence historique – dans le bureau présidentiel lorsque François Mitterrand reçut des mains de Bianco, le premier de ses souffre-douleur, les épreuves de sa lettre. Il vérifiait, avec de jolis ravissements d'auteur, la ponctuation, le découpage des alinéas, l'alignement d'un texte qu'il avait, disait-il, vingt fois remis sur le métier :

— Pourquoi cet intertitre placé là ? J'avais dit ici.

Bianco expliquait, bafouillait, se justifiait. Je tentais de regarder ailleurs.

— C'est un travail intense, pénible, me disait Mitterrand après le départ de son secrétaire général. Des après-midi entières. Le souci de trouver le mot juste, le rythme qui convient...

Il m'offrit un jeu d'épreuves :

— Lisez lentement. Aurez-vous le temps, d'ici demain ?

Avec Chirac, Pilhan ne dispose pas d'un prosateur aussi méticuleux. Son texte a été envoyé par fax à quatorze journaux choisis selon des critères mystérieux. Je ne sais s'il a été beaucoup travaillé ni avec quels concours. Mais, à coup sûr, c'est du Chirac, politiquement correct, présidentiel par la syntaxe, sans coups de griffe ni envolée, alignant des arguments et des formules répétés sur tous les tons par ses troupes depuis deux semaines. L'abonné des journaux de province, qui ira d'abord aux annonces habituelles de concours de boules ou d'obsèques, ne trouvera pas sous la plume présidentielle d'objurgation à voter pour la majorité sortante. Chirac déclare avoir « besoin du soutien » de ses lecteurs. Bon : mais il s'agit de choisir entre Jospin et Juppé. Et là, notre abonné du *Dauphiné libéré* ne trouvera pas de consigne formelle et explicite.

Le titre – « L'élan partagé » – est-il l'œuvre de Pilhan ? Ou de Villepin qui se pique de poésie ? Ces deux mots, ainsi accolés, n'ont pas de signification évidente. Il doit y avoir là-dessous une allusion magistrale, peut-être au partage du travail, cheval de bataille des socialistes. Mais, cha-

peau ! Avec le seul titre, Pilhan aura fait gamber-
ger les chaumières.

7 mai. Lecture.

A 21 h 20, Jospin prend place dans l'avion-
taxi qui le ramène de Nantes à Paris. Il vient de
donner ce qu'on peut appeler une représentation
dans un beau théâtre neuf rempli à pleins bords
de militants et de sympathisants. Il a été
acclamé. Il est épanoui : les meetings de campagne ne servent qu'à susciter la bonne humeur
ou l'ivresse du ténor politique qui, par un jeu de
miroirs, la communiquera à son public. Jospin,
qui se rétracte au contact des foules sauvages,
adore dompter, séduire et réjouir les publics dis-
ciplinés des salles de congrès.

Une place est encore libre à côté de lui. Je
m'en empare.

La lettre de Chirac est un secret d'Etat. Elle
doit être publiée au douzième coup de minuit.
La petite cohorte de journalistes brûle de rentrer
à temps pour déchiffrer le message présidentiel.

Quand l'avion décolle, Jospin tire d'une

grosse serviette noire une chemise rouge. Je jette un coup d'œil de biais : c'est le texte de Chirac que le chef socialiste se met à annoter dans la marge, comme un maître d'école. Un instant, je me demande si l'auteur lui-même lui a fait parvenir une copie pour recueillir ses observations. Mais il serait incongru de poser la question à Jospin : mieux vaut imaginer cet échange gracieux de bons procédés. En un quart d'heure, l'ancien professeur a terminé son pensum et peut attaquer un repas froid. J'ai pu lire quelques lignes par-dessus son bras ; inutile de jouer la comédie :

— Alors ?

Il me répond :

— Vide. Vous allez être déçu.

Depuis sa performance inattendue de 1995, Jospin en campagne devient un autre homme, aimable ma foi, même enjoué, sûr de lui. Il ne manifeste de l'agacement que lorsqu'on lui pose, dix fois par jour, la même question sotte : pense-t-il à la victoire ? Il abat son travail, ne veille qu'à éviter les erreurs. Il ne rêve pas, et c'est bien dommage : peut-être réussirait-il à communiquer aux gens d'enivrantes illusions, s'il s'y abandonnait lui-même. Mais Jospin est sérieux, méfiant. Demain, il sera à Poitiers. Après-demain, il répondra à Chirac. Samedi, à Cinte-gabelle dans la Haute-Garonne. Il refuse d'écrire sur du papier quadrillé. La seule liberté qu'il s'accorde est la page blanche, mais il n'en abuse pas.

8 mai. Gâchette.

Meilleur fusil du pays, Giscard ne chasse que le gros gibier. Il ne va pas gâcher ses cartouches pour un Léotard ou un Toubon. D'un seul coup, il vient de toucher deux pièces royales : Chirac et Juppé. Avec le temps, le président des années 70 s'est métamorphosé en un vieux mandarin taciturne. Les Français l'auraient déjà oublié s'il ne se rappelait périodiquement à leur souvenir en visant, blessant et tuant : ce patriarche a une vivacité de tir que tous les jeunes lui envient. Chirac se relèvera de la blessure superficielle que lui a causée la gâchette giscardienne. Juppé ne s'en remettra pas. Ensuite Giscard reprendra sa place, à l'affût, guettant l'instant où le président de la République, qui

n'est pas son successeur, passera devant l'œille-
ton de son arme.

D'autres, à son âge, jouent au golf ou pro-
noncent des discours de remise de Légions
d'honneur. Giscard leur abandonne ces sortes de
plaisir.

Il y a seize ans, lorsqu'il a laissé aux Français
l'image de son fauteuil vide, comme une pro-
messe d'en reprendre un jour possession, il ne
doutait guère d'y parvenir. Une fois passé
l'intermède Mitterrand, il serait encore le meilleur de la classe. Hélas! Le temps lui a filé sous
le nez. Faute de récupérer son bien, il abattrait
tous ceux qui rôderaient autour, le convoite-
raient ou s'en empareraient. Chirac est bien
placé pour connaître la détermination de son ex-
supérieur hiérarchique. Dans les premiers mois
suivant son élection, il ménageait Giscard, le
cajolait, lui téléphonait en feignant de recueillir
ses avis. L'autre, charmé, a d'abord baissé son
arme. Puis il s'est aperçu que Chirac ne l'écoutait que par cette déférence due aux grands-
pères. Il en a été meurtri : c'est bien naturel. Il a
replacé sa crosse à la jointure de la clavicule, toujours aussi économe de ses munitions.

Les amis qui lui restent (et se font de plus en
plus rares) bénéficient parfois des jugements

doucereux qu'il porte sur Chirac. Hervé de Charette, qui doit à Giscard sa promotion au Quai
d'Orsay, et l'accueille encore de temps à autre à
sa table, se tortille sur son siège en hoquetant
d'un rire coupable. De cette façon, par des
bribes de confidences, l'ancien président amuse
sa semi-retraite en laissant se répandre le portrait
d'un Chirac toujours agité mais « de l'intérieur », toujours incorrigiblement influençable,
recueillant mille avis avant de décider, rivé à son
téléphone, bref, descendu largement au-dessous
du niveau requis pour son écrasante fonction.

Lorsque Giscard, d'un trait de plume, a
embrouillé les relations franco-allemandes à propos de la monnaie, il a protesté de sa bonne foi,
la main sur le cœur et l'œil plissé d'une malice
cruelle :

— Il suffit d'un peu d'intelligence pour
comprendre que j'ai voulu aider Chirac à négocier avec Kohl.

Ce jour-là, enfin, l'hôte de l'Elysée a décou-
vert que le vieux chasseur était aux aguets, nullement assoupi. Juppé et Villepin n'ont pas eu
besoin de le mettre en garde. Quant à Giscard,
faute de songer à retrouver jamais son fauteuil, il
lui arrive encore de rêver de devenir Premier
ministre. Le précédent Poincaré lui trotte dans
la tête. Il n'y a pas d'âge pour les chasseurs. Il

trompe son attente en écrivant la suite de ses
Mémoires, un champ de tir qu'il affectionne.

10 mai. Humeur.

Un bruit nous arrive de l'Elysée :
— Le président est d'une humeur massa-
crante.
Difficile à croire : Chirac est sujet à des
colères en forme de feux de paille. Mais il a trop
de vitalité pour s'abandonner à l'amertume.
Quelle idée aussi de le priver des tournées
rurales, des visites de sous-préfectures, des acco-
lades blagueuses dont il raffole ! Un de ces jours,
il va surgir de sa tour d'ivoire et le sourire lui
reviendra au galop.

11 mai. Correction.

Heureusement, il y a les lapsus. Celui-ci, de
Bayrou :

— Il est inévitab... euh... il est normal que Jacques Chirac s'exprime.

12 mai. Détournement.

Nous étions une quarantaine de journalistes, de toutes tendances et confessions, en route pour Clermont-Ferrand et nous avons été victimes d'une tentative de prise en otages. Il s'en est fallu de peu. Voici les faits : nous allions accompagner Juppé qui devait, en fin de journée, participer à une réunion électorale avec Giscard. Explication des gravures au programme. Notre voyage était organisé (à ses frais) par l'état-major de la droite. Un avion nous attendait. Juppé en a pris un autre, sans journaliste, ce qui aurait dû nous mettre la puce à l'oreille. Nous, nous avons décollé avec un retard de trois quarts d'heure et nous sommes arrivés à Nevers. Nevers : « Encore un coup de Bison futé », me disais-je. Nous avons attendu une heure sur un gazon maigrichon. Enfin un autobus est arrivé : nous n'avions pas le choix. Nous sommes partis. Nevers - Clermont-

Ferrand en car, il faut compter deux heures et demie. Nous risquions fort d'arriver pour la *Marseillaise* qui clôt ces séances. Nous avons tiré de nos poches nos téléphones portables, fait retentir nos protestations jusqu'aux zones les moins aménagées d'Auvergne. L'autobus a accéléré et Giscard, prévenu, a promis de nous attendre pour prendre la parole.

L'explication m'a illuminé : Juppé, craignant un nouveau tir de l'artillerie Giscard, nous avait détournés sur la Nièvre pour nous empêcher d'amuser les Français avec les phrases, gorgées de fiel et de venin, de l'ancien président. Celui-ci, en professionnel des coups fourrés, avait réagi au quart de tour.

Nous voilà donc dans une salle, tout juste grande pour un congrès du Mouvement Chevènement, bourrée de commerçants et de petits patrons. Je me suis calé contre une grosse dame qui sentait la lavande. Ce public se moquait bien des illustres visiteurs flanqués de leurs caméras et micros. Il n'avait d'yeux que pour « son » ministre, Raffarin, un gentil boxeur cabossé, devenu populaire pour avoir – franchement, ce n'est pas rien – protégé et sacralisé la bonne baguette de pain, réceptacle de nos valeurs nationales.

Nous étions là, inutiles et frustrés : Giscard et Juppé n'ont échangé que d'aimables fadaises, après quoi l'ancien président a filé, plantant Juppé au milieu du petit peuple auvergnat. Une seconde, on a vu se rapprocher, une dernière fois, les deux crânes luisant de sueur qui venaient de cuire et dorer sous les projecteurs comme les baguettes brevetées Raffarin. Puis on nous a attirés dans une salle avec du saint-nectaire et de la saucisse sèche. Gauche ou droite, il ne se passe pas une expédition sur le terrain électoral sans que l'on nous fourre dans la bouche les spécialités du terroir, afin que nos articles soient parfumés aux olives niçoises, au miel des Alpes ou à la moutarde de Dijon.

En Auvergne, Giscard s'applique à chuinter trois fois plus qu'à Paris pour porter haut et fort son identité auvergnate. Ainsi, quand les notabilités locales et excellences nationales se sont alignées pour chanter une *Marseillaise* timide et presque honteuse (le « sang impur » passait mal), on reconnaissait sans peine la voix de Giscard soufflant ses chuintements impérieux.

15 mai. Chocolat.

L'élève modèle de Chirac puis de Balladur, Nicolas Sarkozy, parle de la baisse de la TVA proposée par le camp adverse :

— Parmi les produits concernés, il y a le chocolat. Ça tombe bien. Je suis friand de chocolat.

C'est la quatrième fois que j'entends cette réplique prononcée, avec jubilation, par Sarkozy. Peut-être les Français sont-ils en train d'éclater de rire, ou de céder à un attendrissant sursaut en imaginant le petit jeune homme barbouillé de chocolat jusqu'au menton ? Il y a là, à coup sûr, pour être ainsi répété, un effet qui m'échappe. Agaçant : rien ne prouve d'ailleurs que notre Nicolas soit aussi gourmand de sucreries qu'il le déclare. Ou alors peut-être engloutit-il des tablettes entières pour tromper son impatience d'être à nouveau ministre : on dit que le cacao contribue à l'équilibre du système neurovégétatif.

Mais Sarkozy ne s'abaisse pas à dire, comme vous et moi, qu'il aime le chocolat. Il en est « friand ». Il lance le mot avec des sucreries plein la bouche. De quoi d'autre peut-il être friand ? D'honneurs, certes, de pouvoirs, bien sûr, et du sang de ses ennemis (il en a), voire des applaudissements qui saluent son éloquence raffinée. Mais la passion de ces friandises-là est moins avouable.

18 mai. Fardeau.

Après une émission télévisée d'une heure, Lionel Jospin se démaquille. Il a le visage gris : les sourcils se confondent avec l'épiderme, les cheveux avec le haut du front. Sans ses lunettes, les yeux sont globuleux, lourds, presque vides. Le visage transpire la fatigue. Hier, le chef socialiste a prononcé onze discours dans la journée, brassant l'air comme les moulins de Don Quichotte pour tenter de soulever la foi de ses montagnes électorales.

Il y a quelques jours, venu égrener ses réflexions devant des journalistes, Alain Juppé montrait le même visage défraîchi, presque blême, le même épuisement qui soulignait les yeux de deux cavernes sombres.

Pour les généralissimes des armées en campagne, seule la certitude de la victoire permet de soutenir ces épreuves physiques, répétées et harassantes. Jospin et Juppé ne sont pas des débutants. Ils ont le tort de ne pas se départir de leur lucidité. L'analyse, chez eux, ne perd pas ses droits.

Lorsqu'ils passent de l'autre côté du décor et des feux de la rampe, ils laissent tomber le masque. Une question me trotte dans la tête : ont-ils vraiment envie de gagner, et d'assumer pendant des années le pouvoir ? Etant les deux seuls hommes ouvertement candidats à ce fardeau, ils en mesurent d'ici le poids, comme Chirac ferait d'un bœuf après l'avoir observé trente secondes. Il faudra sabrer dans les dépenses de l'Etat, réduire les déficits, les impôts, le nombre des chômeurs, jeunes et vieux, vider les banlieues de leurs ghettos en révolte, affronter les mécontentements qui s'emparent des catégories de la population, l'une après l'autre. Et puis négocier des nuits entières, dessiner des réformes dans la marge minuscule ménagée par les traités européens, se frayer une voie au milieu des empêchements, enfin séduire, expliquer, convaincre. Ils l'ont voulu, dites-vous, ils ont choisi ? Je n'en suis pas si sûr. Une ambition politique n'est que la somme d'occasions saisies au vol, de circonstances, de ces hasards qui font la nécessité. Le choix personnel entre à peine en ligne de compte.

Après deux années de blessures qui ont démantelé son orgueil, Juppé a la tentation non de Venise mais de se transformer en spectateur et en censeur. « Vivement l'opposition ! » a-t-il soupiré, ces derniers soirs, devant ses conseillers. Il doit y avoir du plaisir à voir un successeur s'embourber dans les mêmes terres hostiles où l'on s'est soi-même englouti. Quant à Jospin, il est venu à la politique alors que la droite croyait en avoir repris pour vingt ans. Sa tentation à lui, c'est sans doute d'arriver à proximité de la victoire, mais à une distance assez respectable pour n'avoir pas à en assumer les rudes lendemains.

J'imagine que le soir, exténués et titubants, ils s'écroulent dans le sommeil pour s'oublier dans des rêves bucoliques et voyageurs. En réalité, ils tombent sur leur lit comme des masses de plomb et, dans leurs songes, les courbes des sondages dessinent des arabesques monstrueuses.

19 mai. Baisemain.

Si la Chine pouvait voter, Chirac en ferait bien son affaire. De Pékin à Shanghai, il s'est ébroué loin des incertitudes électorales – aussi familier avec les héritiers de Mao qu'avec les notables de Corrèze, curieux de tout, aimant tout ce qu'on lui laissait entrevoir de ce pays, des fonctionnaires et des chantiers.

Chirac n'est déconcerté que par les jolies femmes. A Shanghai une exposition industrielle avait requis, pour l'accueillir, les bons offices de trois top-models de la République populaire. Les Chinois ne font rien à moitié : les trois ambassadrices extraordinaires étaient d'une beauté à couper le souffle et sur leurs talons aiguilles elles dépassaient d'une demi-tête le président français. Quand Chirac est arrivé devant elles, il a eu un instant de trouble. Il n'osait pas les gratifier chacune d'une paire de bises sonores et sans façon. Alors, il leur a baisé la main. Les trois Chinoises, qui malgré les apparences étaient bien vivantes sous leur fard, se sont prêtées à cette étrange cérémonie sans laisser deviner la moindre gêne.

Dans le cortège chinois, quelques excellences se sont mises à sourire, interloquées. Puis tout le monde s'est remis en marche, laissant les trois beautés, immobiles, avec le souffle de la galanterie présidentielle sur leur poignet.

20 mai. Sauter.

En deux ans, sous Chirac, nous sommes passés de la pomme à l'élan, d'un produit de consommation populaire à un concept réservé aux athlètes olympiques. On prend son élan pour sauter – dans l'inconnu, dans le vide, ou sur sa chaise en criant « l'Europe, l'Europe », dans une discipline imaginée par de Gaulle.

22 mai. Bocage.

Nous longions un chemin creux, dans une Normandie de carte postale : du vert à perte de vue, en vallonnements délicats. Au sol quelques vaches solitaires, dans le ciel des troupeaux de nuages. Hervé de Charette s'efforçait d'épargner la boue à ses chaussures de ministre. Les tournées électorales de nos excellences sont conçues comme des manœuvres militaires. Au départ, l'illustre visiteur reçoit une feuille de route, chronométrée avec une précision menaçante, jusqu'à la pause-pipi. Le but est d'approcher le maximum de corpuscules électoraux dans un temps donné. Le b a ba du métier consiste à respecter l'horaire sans se permettre ni retard, bien sûr, ni avance qui déréglerait l'opération.

Il nous fallait tuer une demi-heure avant d'arriver à Valognes. Nous pouvions nous promener sans risquer de croiser une âme d'électeur.

Charette pratique la politique avec le même air de dilettante que ses ancêtres à la guerre et en amour. Avec ce nom-là, il ne pouvait être remarqué — et peut-être jalousé — que par Giscard. Avec un quartier de noblesse, et un d'histoire, on regarde les cataclysmes planétaires sans excès d'indignation. Et l'on se garde de participer au jeu vulgaire des ambitions. Il a donc reçu son portefeuille de ministre comme en héritage, avec un naturel qui allait lui valoir sur-le-champ beaucoup d'inimitiés. Aux Affaires étrangères, il avait le malheur de succéder à Alain Juppé dont tout le monde décrète qu'il fut à ce poste le meilleur depuis M. de Vergennes. Réputation justifiée ? A en juger par le nombre de succès diplomatiques obtenus pendant ces années Juppé, on peut en douter. Au Quai d'Orsay, avec pour patron un Mitterrand jetant ses derniers feux, face à un monde où les bonnes manières voilent les furieux appétits de carrière, Juppé croyait être arrivé au sommet de la réussite sociale, celle qui est couronnée par les palais.

Charette aurait dû se méfier. Chirac lui avait dit, en insistant :

— C'est moi qui t'ai nommé. Moi seul.

Manquait le sous-titre. Mais le ministre n'allait pas tarder à se découvrir des censeurs cruels et méprisants dans les personnes de Villepin à l'Elysée, et, à Matignon, de Juppé et de son factotum Gourdault-Montagne, tous trois fraîchement débarqués du Quai d'Orsay et qui allaient tenir, sous leur magistère implacable, le pouvoir, l'Etat, la République.

Ailleurs, on croyait que Charette devait sa promotion à la protection de Giscard. Mais l'ancien président, souffrant depuis quatorze ans d'être tenu à l'écart des fauteuils à sa mesure, imaginait qu'il allait régner sur la diplomatie française par disciple interposé. Dépité, il rejoindrait bientôt la chorale, chaque jour grossie, des critiques anti-Charette.

Dans notre sentier normand, le descendant du chef chouan se remémore toutes les batailles d'antichambre et de cabinet qu'il a dû livrer, sans gloire. Un jour où Giscard, à l'Assemblée, venait de se livrer à une de ses estocades réussies contre Juppé, Chirac avait fait venir séance tenante Charette à l'Elysée pour lui demander de signer un communiqué d'allégeance au Premier ministre, et de blâme de l'ex-président. Le ministre avait refusé et offert sa démission. Dans notre République, quand on est au gouvernement, on ne démissionne pas : on obéit. Chirac avait hurlé longtemps, en moulinant des bras, puis s'était radouci en disant :

— Remarque, Hervé, j'aurais agi comme toi si l'on m'avait demandé de me désolidariser de Pompidou. N'en parlons plus.

La vindicte du trio Juppé-Villepin-Gourdault avait alors redoublé, assaisonnée de petites méchancetés dans les journaux. La représentante des Etats-Unis, Pamela Harriman, croqueuse d'hommes et de fortunes en retraite mais toujours redoutée, avait été prévenue de ne pas prêter attention aux initiatives de Charette, qui n'était qu'un ministre fantoche et en sursis. Il avait encore tenu bon plusieurs mois. Dans douze jours, il ne serait plus ministre. Il me l'annonce sans amertume, en sautant par-dessus une flaque de boue.

De Caen à Valognes, de Valognes à Cherbourg, nous avons traversé quelques bourrasques, quelques salles de café, quelques grappes de militants de droite. On le tirait par la manche :

— Dites, monsieur le ministre, quand donc serons-nous débarrassés de ce Juppé dont les Français ne veulent plus ?

Il souriait à peine. Chez ces hommes du monde, la vengeance se savoure mieux quand on la garde pour soi. Pourtant, Charette ne savait pas encore que Juppé allait le précéder dans la disgrâce.

25 mai. Résultats.

Ces soirées électorales obéissent à un rituel immuable. Dès 20 heures, les grandes pointures et les petites mains de la politique s'égaillent dans la nature audiovisuelle pour faire profiter le peuple de leurs commentaires. Ah! le joli spectacle! Certains tirent de leur poche des homélies écrites d'avance qu'ils débitent en plein cadre, tout gonflés d'importance. D'autres débarquent dans le studio, s'installent sans façon, le sourire aux lèvres pour débattre avec des partenaires habituels. Amateur de Ionesco, je ne me lasse pas de ces dialogues où la banalité touche au sublime :

— Je ne vous ai pas interrompu. Alors laissez-moi parler.

— Mais non : vous ne pouvez pas dire n'importe quoi.

— J'ai sous la main les statistiques de l'OCDE. Les contesteriez-vous par hasard?

— Ecoutez. Il y a les chiffres. Mais il y a ce que les Français subissent dans leur vie quotidienne. Je suis allé sur le terrain, moi.

— J'ai pour vous de l'estime, pour votre caractère et vos convictions que je ne partage évidemment pas. Et c'est pourquoi je suis désolé, vraiment attristé, d'entendre dans votre bouche de telles contrevérités.

— Il faut que les Français sachent...

— Les Français vous ont cru une fois. On ne les y reprendra plus.

J'aime aussi voir les mines satisfaites des pro-
tagonistes de ces joutes, lorsqu'ils sortent de
scène et se retrouvent, soudain fraternels, devant
des tranches de saucisson.

Ce soir, pourtant, règne partout une légère
mélancolie. La droite est déconfite, la gauche
perplexe. Bizarre : nul ne crie victoire. Les
débats sont truqués comme ces corridas dans
lesquelles on pousse de pauvres bêtes aux cornes
limées.

On tente de convaincre les Français, déjà
assoupis ou retournés à leur feuilleton, que notre
civilisation pourrait basculer d'ici à dimanche
prochain. Nous sommes à quelques jours de
l'été. On a obligé les Français à voter à contre-
temps.

Le seul à manifester un certain ravissement,
c'est – toujours – Le Pen. Pourtant, n'étant pas
candidat, il a perdu sa dernière chance de siéger
au Palais-Bourbon, de grimper à la tribune et,
de là-haut, d'assener à ses collègues sa rhétorique
désuète entrelardée de citations latines et de
plaisanteries de garçon de bain. Après plusieurs
décennies, cet homme ne cesse de s'extasier sur
son talent, premier auditeur de soi-même,
jamais lassé de sentir les mots lui couler de la
bouche, comme d'un fût qui fuit lentement,

jamais privé d'un trop-plein de salive qu'il laisse dégouliner en direction du menton. Mais il devine que Mégret va être battu : et cet écrasement de la musaraigne vaut à coup sûr pour lui une manifestation de la justice immanente.

26 mai. Ami.

Dans sa vie publique et privée, Juppé n'a eu qu'un ami, mais de première classe : Chirac. L'affection opiniâtre et suicidaire que l'aîné porte au cadet tient de la légende troyenne. Nulle banalité touchante là-dessous : c'est comme une malédiction infligée par les dieux de l'Olympe à notre prince qui doit subir ce martyre sans se plaindre. Depuis des mois, les centaines de personnes que Chirac écoute usent de tous les arguments pour le convaincre d'exorciser son règne en sacrifiant le Premier ministre : le président hoche la tête, mais ne bronche pas quand chaque flèche décochée contre son protégé lui perce, à lui, le cœur.

Une amitié, en politique, est aussi impénétrable que l'amour. On comprend ce qui a pu séduire Chirac chez une Garaud, un Giscard, un Pasqua et même, à la rigueur, un Balladur. Mais ce compagnon-là, c'est comme une croix sous laquelle il souffre et ploie. Pour lui, il est résolu à brûler ses vaisseaux et se sacrifier lui-même. Depuis le premier tour de scrutin, dont tous viennent se plaindre, il tourne en rond dans son bureau élyséen, mais continue de refuser l'exil de son ami. En quoi, pourquoi, grands dieux, Juppé lui est-il aussi nécessaire? J'ai consulté tous les gens qui devraient savoir. Ils n'ont fait que lever les yeux au ciel, fatigués de tourner comme moi autour de cette énigme.

Chirac n'est guère payé de retour. Des heures durant, Juppé se refuse à démissionner. Et ainsi, l'un épaulant l'autre, les deux amis tiennent bon devant la colère qui monte. A la fin, au bout de vingt heures, pour donner le change, Juppé renonce à son titre de Premier ministre — un simulacre de sacrifice. Mais il s'obstine à garder le commandement des troupes majoritaires, à le faire voir et savoir, dans un mouvement d'impérialisme qui va irriter la Providence et attirer ses foudres.

Il n'en sera que plus haï.

Chirac poussera l'abnégation jusqu'à lancer un SOS à Séguin qu'il craint et que Juppé

déteste. Le nouvel homme providentiel se fait
prier : « Ce n'est pas en trois jours qu'on répare
des mois d'erreurs, d'échecs, d'épouvantable
aveuglement. » Ce n'est pas en une semaine que
Chirac peut effacer, chez Séguin, deux ans
d'orgueil blessé. Tout a commencé, avant même
l'élection présidentielle, lorsque le futur vainqueur a accordé solennellement à Juppé un brevet d'excellence : « Le meilleur d'entre nous. »
Ouais... Qui donc s'était engagé le premier sous
les couleurs chiraquiennes, alors que celles-ci
étaient en berne, que la victoire de Balladur eni-
vrait déjà le RPR et que Juppé, ministre des
Affaires étrangères, cherchait les moyens de
ménager son avenir ? Qui encore avait orienté la
campagne sur la bonne voie, lancé les idées et
trouvé le discours efficace – ni à droite ni à
gauche, mais gaulliste ? Qui, enfin, dans cette
épreuve s'était montré le plus politique ? Le plus
éloquent ?

Pourtant, une fois élu, Chirac n'hésite guère à
nommer Juppé Premier ministre, sans rencontrer à droite la moindre réserve. Tout juste
a-t-il, devant le président du Sénat, un soupçon
d'inquiétude : « Le meilleur, je le maintiens.
Mais il y a son caractère, son comportement. Ce
garçon est trop sûr de son fait. » Le nouveau

président sait que les éruptions volcaniques d'un Séguin sont bien plus dévastatrices. Il propulse le Murat de sa victoire en haut des marches, au perchoir de l'Assemblée, là où ses fameux coups de sang trouveront à qui parler, mais où il n'aura pas son mot à dire sur l'exercice du pouvoir. Il pense s'être ainsi assuré trois ans, voire sept, de tranquillité. Et en effet, jusqu'au lendemain de ce premier tour, Séguin ronge son frein, solitaire et muet, moitié narquois, moitié navré.

Pour lui, comme pour les vieux routiers du tour de France électoral, la défaite de la droite est annoncée. Il y a bien ici ou là des obstinés de la méthode Coué, affirmant que les électeurs vont se « ressaisir », qu'un deuxième coup de théâtre est inscrit au second acte, selon les règles de la comédie classique. Des mauvaises langues soutiennent que Juppé, à Matignon, entre deux piles de cartons, jette sur le papier la liste de ses futurs ministres et le schéma de son prochain discours d'investiture, que Villepin, d'une voix sans réplique, démontre l'im-pos-si-bi-li-té de la défaite.

Il est vrai que l'état-major chiraquien, tétanisé par les sondages, galvanisé par les Renseignements généraux, émerveillé par les experts, ne s'est jamais donné les moyens d'évaluer l'état réel de l'opinion.

Mais Séguin est le dernier à croire aux chances d'une majorité qui, jusqu'ici, l'a maintenu dans la seconde réserve. S'il accepte de monter au front, au bord de la Berezina, c'est dans l'espoir d'éliminer Juppé de sa dernière position, puis de prendre le RPR à la hussarde. Il ne lui restera ensuite qu'à se préparer à la succession de Chirac. Il rassemble ses lieutenants : bizarre! ceux-ci sont deux fois plus nombreux qu'avant la bataille.

26 mai. Gendre.

C'est un jeune homme avenant, bien mis, à faire fondre toutes les dames mûres. Profession : chirurgien-dentiste. Il est venu à Nantes ouvrir un cabinet : il ne manquera pas de clients. La bourgeoisie de la région feindra d'ignorer que ce bon docteur Maréchal, Samuel Maréchal, est (aussi) le gendre de Le Pen, le chef des jeunesses lepénistes et le représentant du Front national dans les Pays de la Loire. Elle refusera de croire qu'avec cette mine d'angelot, il distribue les coups de poing à la tête de ses troupes au crâne rasé pour donner l'exemple, et endommage des mâchoires qu'il ne réparera pas.

Depuis deux semaines, Samuel Maréchal a appelé, dans les arrière-salles de café, plusieurs candidats RPR ou UDF. Aujourd'hui encore, il vient de rencontrer un certain Christian Martin, candidat UDF en situation difficile. On ne sait qui des deux a appelé l'autre : ils se connaissent depuis longtemps. Toujours est-il qu'ils se sont mis d'accord et Martin bénéficiera d'une indulgence en bonne et due forme du pape de l'extrême droite et beau-père de son partenaire d'apéritif.

Il y a quelques jours c'est un RPR, un gardien de la flamme gaulliste, qui trinquait avec le « gentil » gendre.

Maréchal n'est pas un cas particulier : le Front national a autorisé et sans doute encouragé les prises de contact avec la droite « régulière ». On en dénombrera une douzaine. La réalité doit approcher la centaine. Les candidats RPR ou UDF se sont déjà livrés aux joies de l'arithmétique : la droite en France est majoritaire – d'un point de vue sociologique – mais elle perd des élections lorsqu'elle est en guerre avec l'extrême droite. « Comme les socialistes lorsqu'ils étaient en lutte contre les commu-

nistes », me dit, dans un audacieux rapproche-
ment, un de ces notables couronnés de mandats.

— Les législatives ne sont pas la fin du
monde, ajoute-t-il. L'an prochain, nous aurons
des cantonales, des régionales. Juppé nous a mis
dans le pétrin en lançant des anathèmes contre
Le Pen et son parti.

Par pudeur, ce brave homme oublie d'accuser
Chirac de la même... sottise.

En privé, quand il se confie à un RPR ou un
UDF, le jeune Maréchal parle comme Mégret
plutôt que comme son beau-père. Il propose des
alliances, secrètes bien entendu, dessine des
majorités futures pour dresser un barrage contre
les « socialo-communistes ». Les verres ne sont
pas encore vides qu'on est déjà sur la même longueur d'onde. On promet de se revoir.

Un élu RPR qui s'est livré à ce genre de
« tâtonnement » a levé les derniers scrupules qui
l'encombraient :

— Chez eux, il y a autant de gens raisonnables que chez nous. Et comme chez nous
quelques excités. Entre nous, ont-ils tort de pro-
poser la préférence nationale, de refuser l'inva-
sion africaine, de prononcer le mot de patriotisme ?

Dans les rangs de la droite, l'idée d'un dialogue avec le Front national fait son chemin, aujourd'hui insidieuse, un peu honteuse, un brouillon, un germe d'idée. Quand la droite sera vaincue, comme il est probable, les bouches s'ouvriront, la colère aidant.

27 mai. Prophètes.

Monory est, pour Chirac, la voix de la France, de cette France qui pèse son poids de vertus terriennes, de sagesse provinciale et de prudence sénatoriale. Il est écouté par le chef de l'Etat avec une attention qui ferait perdre la tête à tout homme plus jeune. Il ne mâche pas ses mots, il les bredouille, les abandonne à leur sort, en vrac, à la grâce de Dieu, d'un ton monocorde, sans se soucier de forcer la note. Cet air de bon sens qui émane de toute sa personne doit suffire pour convaincre son auditoire.

Les centristes sont souvent agacés par les leçons magistrales du président du Sénat. Il ne s'en est jamais aperçu.

Aujourd'hui, il leur confie qu'il a toujours mis Chirac en garde contre les périls d'un scrutin anticipé : au Sénat, on est élu pour neuf ans, autant dire à vie, et la Constitution ne permet de renvoyer un sénateur devant ses électeurs que s'il a, au moins, tué père et mère. Par nature, on n'est pas porté à chatouiller et violenter le corps électoral. Mais Monory hésite à rapporter l'exacte et entière vérité.

A la veille de la déclaration présidentielle prononçant cette maudite dissolution, il a été en effet consulté par Chirac selon une exigence de la Constitution. Le souverain avait déjà pris sa décision. Il s'attendait, de la part de son visiteur, à une exclamation admirative. Monory a réfléchi un instant, puis a laissé tomber sa sentence :

— Jacques, vous gagnerez sans problème si vous changez de Premier ministre avant l'ouverture de la campagne.

Chirac a répondu « oui, oui... » – c'est du moins ce que Monory a cru entendre. Mais le stratège inspiré du plateau de Millevaches (Corrèze) avait tout autre chose en tête. A de nombreuses reprises, depuis des mois, on lui avait recommandé de changer de gouvernement – celui d'Alain Juppé étant vraiment trop impopulaire. Chirac ne croyait pas que le remplacement de tel ou tel ministre, Arthuis, Charette, Millon, susciterait le moindre « élan » de l'opinion publique. Et il voulait garder Juppé, faute d'un remplaçant digne de son aveugle confiance. Un vote des Français lui permettrait d'atteindre cet objectif. Génial, non ? Le jour même où Chirac recevait Monory, au Palais-Bourbon, la majorité se félicitait avec des rires, des tapes dans le dos, et criait au miracle certain. Un député pérorait en ces termes dans la salle des Quatre Colonnes :

— D'accord, Chirac n'a ni la force de caractère de Pompidou, ni les capacités pédagogiques de Giscard, ni le machiavélisme de Mitterrand. Mais question politique, il les dépasse d'une tête.

Aujourd'hui, les mêmes qui s'émerveillaient ricanent d'une bouche mauvaise en reprochant aux Français d'avoir porté sur le trône un « brave garçon qui vient de franchir les limites de son incompétence ». Les langues se délient sauvagement : Chirac ? un faible, un esprit court, déséquilibré par le premier venu, versatile, manipulable à merci, épouvanté par les menaces judiciaires qui planent au-dessus de son clan — et voyez son entourage, ces petits-maîtres arrogants, bornés, détestables.

Après cette première entrevue, que Monory avait « actée » en la faisant suivre d'une lettre, destinée davantage aux Archives qu'à son destinataire inébranlable, nouvelle visite à l'Elysée le 6 mai, à dix-neuf jours du premier tour.

— Cher René...

— Cher Jacques...

Aimable début, mais le ton monte vite. Monory est outragé de voir ses avis négligés.

— Juppé va nous mener tous à la perte. On ne sacrifie pas un pays pour sauver un homme.

Chirac sent ses oreilles s'échauffer. Quand donc comprendra-t-on que c'est sa politique, c'est lui-même que l'on vise en critiquant Juppé. Le courage de Juppé... Les réformes de Juppé... Le modernisme de Juppé... Puis, comme toujours, après s'être défoulé dix bonnes minutes, le patron de Juppé se radoucit d'un coup, soulagé.

— Cher René, tu as raison. Je te le dis : Juppé, c'est fini. Je ne vais tout de même pas tenir tête à la France entière.

Monory retourne dans son palais à moitié rassuré. A nouveau, une lettre pour l'histoire de France. Mais les jours passent et Juppé est toujours là, bien là, commandant à tout et à tous, couvé par Chirac et, d'un mot cruel, « indissoluble ». Plus tard, Monory va se fendre d'une ultime maxime, après un cent quarante-deuxième coup de téléphone de Chirac :

— On reconnaît les grands hommes à leur faculté de se séparer de leurs amis.

Ce n'est pas du Platon : c'est du Monory, de Loudun (Vienne). L'heure n'est plus à la philosophie. Déjà, la Chiraquie brûle.

28 mai. Boa.

Promu consolateur émérite d'une majorité tenaillée par l'aigreur et le désespoir, Séguin ne dispose plus, comme munitions, que de lieux communs. Mais il les lance d'une voix de violoncelle dont les auditoires se bercent avec volupté. La musique fait oublier les paroles. En sortant de ses volumineuses cavernes, la voix force l'attention, comme si elle était répercutée par le chœur d'une basilique romane. Séguin parle comme Juppé, mais son phrasé a d'autres prolongements. L'homme a du poids jusqu'aux limites du handicap, un teint de ténèbres, des bras de champion de sumo. Selon la légende, il est capable de jeter par la fenêtre, d'une seule main et d'un seul geste, un visiteur, le fauteuil dans lequel il est assis et la mallette qu'il tient sur les genoux. Sa silhouette lui tient lieu de caractère. Après un mois de prudence, Séguin

A Moor-Phone

s'est jeté dans la bataille au moment où il n'y a plus rien à en attendre. Question inspiration, il doit beaucoup au Joseph Prudhomme d'Henri Monnier : son sabre de bois est le plus beau jour de sa vie.

Tout, chez lui, est sans modestie. Les éloges dont il croit nécessaire d'encenser les candidats de son camp sont tellement excessifs et ampoulés qu'ils prêtent à rire. Ainsi, ce soir, à Chambéry, parlant de ce jeune Gaymard si malheureux avec les médecins, Séguin a eu la main lourde :

— De lui, tout a été dit et écrit. De ses origines modestes, de son grand-père berger, fidèle à ses montagnes où il emmenait pâturer ses bêtes. De son destin... euh... fulgurant... Il n'est pas seulement un législateur d'envergure, pas seulement un militant. Il est un gaulliste de toujours. Il est né gaulliste. Il a grandi gaulliste. Il est entré en politique sous le signe du gaullisme, non pas un gaullisme de circonstance ou d'apparence. Mais un gaullisme viscéral, un gaullisme de combat, qui plonge au plus profond de notre peuple et de notre nation.

C'était le service minimum : le public en aurait redemandé, mais s'amusait fort à regarder le jeune Gaymard fixant la pointe de ses chaussures, les joues en feu, comptant mentalement les suffrages qu'un tel grand homme – au fait, c'était lui-même – devait immanquablement récolter.

Mais le fin du fin, chez Séguin, c'est l'art de la redondance : toute copie est « servile », toute recette « magique », le chômage est un « cancer » et une action déterminée devra mobiliser toutes les énergies. La France est une des premières puissances de la planète et elle peut avoir confiance en son avenir « pour peu qu'elle le prenne en main ».

Il est capable de lire ainsi pendant une heure : oui, lire car personne n'est en mesure d'improviser des morceaux aussi bien sentis. Et l'on se demande pourquoi Chirac tarde tant à couronner Séguin comme « le meilleur d'entre nous ». Mais c'est qu'il a peur de lui, peur d'être broyé par ses effusions magistrales et sans limites.

29 mai. Bascule.

Dans l'avion, Jospin a demandé un whisky. Après cinq semaines, au rythme moyen de cinq discours par jour, télévisions comprises, il arrive au bout de la ligne droite épuisé. Sa fille Eva l'accompagne mais c'est à peine s'il s'intéresse à elle. Ce soir, la victoire est une certitude, et le futur chef du gouvernement se consacre déjà aux durs lendemains qui l'attendent : le choix de ses ministres et de ses collaborateurs, les premiers mots qu'il faudra prononcer dimanche soir. Il ne plane pas : il est ailleurs. La grande réunion de Lille, à laquelle il se rend, ne changera rien. Mais elle relève des obligations rituelles socialistes. Il n'a même pas la force de relire son schéma de discours. Tout est joué : le destin a basculé. Une pudeur, qui est sa seconde nature, lui interdit de montrer sa satisfaction.

Il y a tout juste cinq jours, pas un de plus, qu'il s'est autorisé à imaginer son succès. Jusque-là, il résistait bravement. Cet homme calcule, évalue, soupèse le mystérieux rapport des forces politiques sans s'autoriser d'inutiles espérances. Il se trompe rarement. Il ne rêve jamais. Il lui a fallu divers signes, concordants, indiscutables, pour lui faire admettre que la droite allait perdre la bataille qu'elle avait elle-même déclenchée. Jospin ne parvenait pas à croire, jusque-là, que l'ennemi pût commettre une aussi suicidaire bévue.

A Lille, le Zénith archiplein l'attend depuis bientôt deux heures, mais dans la joie. La fanfare du carnaval de Dunkerque, en suroît jaune et bottes de caoutchouc, occupe la scène en jouant des chants – régionaux-patriotiques – dont nul n'ignore les paroles vaguement égrillardes. Les femmes se dandinent sur leur siège, leurs enfants aussi, et Pierre Mauroy lui-même bat la mesure d'un pied mutin. Ça se chante : « On va gagner. » Ça s'entend : « On a gagné. »

On a beau commencer à répandre la légende d'un Jospin farceur et « rigolard avec les copains », d'une armure amovible dont il se dévêtirait à l'heure du repos du guerrier, les Français ont une autre réalité devant les yeux. Ils vont voter pour son austérité, la rareté de son sourire et l'absence, derrière lui, d'une cohorte de conseillers, de protégés, de courtisans.

En trois mots, le parlementaire de droite d'un département rural explique le probable succès d'une campagne sans éclat : « Jospin fait honnête. » Le Yoyo des Guignols l'a mis en colère pendant des mois mais dans trois jours, par un juste retour, va contribuer à sa victoire, et la résumer.

Pends-toi, brave Pilhan : Jospin a conçu sa campagne sans le secours des stratèges patentés, avec des méthodes archaïques et artisanales. Il disposait bien d'une « cellule » marketing qui se réunissait tous les jours, avec parfois la présence de Lang et de Séguela. Jospin y faisait un tour, engrangeait les idées qui lui étaient fournies. « Mais, disait-il, sachez bien que ce n'est pas ici le lieu où se décide notre campagne. » Son salon de la rue du Regard, meublé de trois canapés beiges et d'une table basse en verre, demeurait le poste de commandement exclusif. Les éléphants du parti socialiste, mis en chaleur par la montée des sondages, se plaignaient d'un tel exercice solitaire du pouvoir. Mitterrand, lui, aimait avoir en permanence son petit monde autour de lui, pour le couver des yeux et l'applaudir. Mais Jospin, non sans orgueil, a choisi d'être en tout l'anti-Mitterrand par excellence : c'est même l'essentiel de son programme.

Ce soir, au Zénith de Lille, il traverse la salle avant de monter sur la scène, minutes toujours délectables pour un acteur politique : on peut prendre les acclamations des militants pour celles de la France entière et imaginer que les bruits, la musique, les cris, puissamment amplifiés, renvoient la clameur de tout un peuple qui se lève. Jospin se prête au jeu sans allégresse notable. Il prononce le discours le moins exaltant de sa campagne. Cet air de fête, sans doute, l'effraie. Il a décommandé toute réjouissance pour dimanche.

29 mai. Phantasmes.

Ce même soir, il reste, du côté de Chirac et de Juppé, une douzaine de grognards insubmersibles qui espèrent encore, contre toute raison, contre la voix des experts, de l'opinion sondée et resondée à tour de bras. Nous avons eu souvent, en France, des drogués de la défaite qui se seraient fait tuer pour elle. Parfois même les vaincus sont plus populaires que les triomphateurs.

On rapporte de Matignon qu'Alain Juppé se prend toujours pour le chef suprême de la droite en campagne et son sauveur.

Mais Chirac, qui a pourtant toujours fait ses délices de la méthode Coué, se tait, accablé par des évidences qui le submergent. Du jour où il est entré en politique, il a appris à se plier aux lois de l'inattendu, à accepter les échecs comme autant d'injustes châtiments. Quand il est entré à l'Elysée, pour un long bail, il a confié que l'hypothèse d'une cohabitation avec une majorité de gauche ne lui semblait ni improbable ni épouvantable. Il se sentait capable d'autant d'habileté, à ce jeu constitutionnel ambigu, que Mitterrand. Mais jusqu'à la semaine dernière, Chirac n'a jamais songé que la gauche pourrait revenir au pouvoir grâce à Jospin. Manque d'imagination? Mépris de l'adversaire? Non : maire de Paris, il a eu quelques occasions de croiser le dirigeant socialiste, même de lui parler. Leur débat télévisé, en 1995, demeurera dans les mémoires comme un championnat de courtoisie, de froideur et d'hypocrisie. Mais en fin de compte, les deux hommes s'en sont tenus au minimum, estimant sans doute qu'ils n'avaient rien à partager, et peu à échanger.

Chirac pensait qu'un garçon auquel Mitterrand s'intéressait à peine n'était pas né sous la bonne étoile de la politique. Il s'était trompé. Il n'était pas le seul. Ce n'était pas une consolation.

Il tournait dans son Elysée, blessé, furieux, sans même se fâcher lorsque quelqu'un venait lui apporter, tombé d'on ne sait quelle officine, un tuyau encourageant. A quoi bon? La victoire, foutue garce, avait fait son choix.

31 mai. Initiés.

Un rendez-vous à ne pas manquer, la veille d'une élection, c'est le petit déjeuner du *Point.* Il y a là, au grand complet, comme pour un conseil d'administration, l'establishment français : la banque, les médias, les multinationales, les hauts fonctionnaires, tous cravatés et décorés, et, au-dessus d'eux, magistral, impérial, Monsieur-le-consultant-de-l'institut-de-sondages, un personnage aussi indispensable au fonctionnement de la société que, jadis, Mlle de Scudéry dans son salon. Ce matin, il y en a même deux qui se renvoient la réplique avec de jolies courbettes. Car l'hebdomadaire offre à ses invités, comme un cadeau d'entreprise glissé sous la serviette, le dernier des sondages avant le scrutin.

Depuis deux semaines, une loi interdit la publication dans les médias de toute espèce de sondage. Mais les Français adorent jouer à saute-mouton avec les barrières du code. Depuis quinze jours, toutes sortes de chiffres et de pourcentages, dont on n'est assuré ni de l'origine ni de la qualité, circulent sur les vagues du monde politico-médiatique, propulsés par le souffle des chuchotements. Impossible au regard le plus affûté de démêler dans ce bric-à-brac le vrai du faux, l'information de la manipulation, la science de la fiction. Dans cette chasse au tuyau, les internautes, grâce au « Web », bénéficient d'un privilège car le réseau diffuse les résultats de sondages, tous labellisés et dûment financés par des journaux. Comme on sait, Chirac, pour rester dans le vent, s'est converti à l'Internet : l'avalanche de sondages, plus ou moins contradictoires, lui inflige une épreuve plus proche de l'électrochoc que de la douche froide. Mon confrère Jean-Marcel Bouguereau, esprit libre et malicieux, vient de lancer un pied de nez au législateur en publiant, dans une gazette pyrénéenne, les sondages disponibles sur Internet. Bouguereau, drapé dans l'égalité républicaine, a réussi son coup : pour un prix modique, celui de l'amende prévue par la loi, il a fait connaître son journal à toute la France et même au-delà. Il s'est laissé pousser la barbe, pour rire dedans.

Mais le petit déjeuner du *Point*, réservé aux initiés, n'a rien de délictueux. On est entre gens respectueux des lois, un sur deux diplômé de l'ENA, supposés garder secrets les chiffres qui leur seront révélés. Jadis, les hommes disposaient, à leur chemise, de manchettes sur lesquelles ils pouvaient griffonner. Posté devant la sortie de la salle à manger, je m'amuse à pointer les hauts personnages qui s'en vont vers le téléphone comme pris d'un vulgaire besoin, avec des bouts de papier dans le creux de la main.

Le plaisir est d'observer les visages dans la salle, changeant de couleur au fur et à mesure que nos sondeurs distillent leurs chiffres. Ils virent au gris, au jaune, et au vert, la couleur fétiche choisie par Jospin pour sa campagne.

Ne sourions pas : en cet instant, combien de carrières envoyées dans le décor, irrécupérables, combien de chiffres d'affaires plongés dans l'incertitude, combien d'invitations et de hautes relations cultivées en pure perte, tout cela anéanti tout à coup. Si l'électeur savait dans son isoloir combien de tragédies intimes, de drames balzaciens, son vote va déclencher, il en aurait le cœur en sang.

1ᵉʳ juin. Trahison.

Deux circonscriptions sur trois, en Corrèze, ont voté socialiste. La dernière, celle de Chirac, a été près d'en faire autant. A l'Elysée, point de champagne, mais la lie du calice.

Du côté du plateau de Millevaches, en pleine Chiraquie, un de mes amis a bavardé avec un brave homme d'électeur qui venait de renifler le fond des urnes :

— Notre grand Jacques, on le connaît, on l'aime bien. Là-dessus, pas de question. Mais il est difficile à suivre. En 1981, tenez, entre les deux tours de l'élection présidentielle, il nous demandait à nous, ses amis, de coller des affiches pour Mitterrand. En 95, la bataille avec Balladur... On pensait qu'ils s'arrangeraient. Ah, bien oui... Aujourd'hui, ces élections anticipées. Là, on ne comprend plus.

A l'Elysée, la lie du calice, inépuisable, circonscription après circonscription. Un silence atterré.

1ᵉʳ juin. Paraphe.

Une dame vient de voter dans la deuxième circonscription de Paris, celle du Quartier latin, celle du maire, Tiberi. Tout ébouriffée, chavirée, elle raconte :

— Au premier tour, je n'ai pas voté. En vacances, je n'avais pas voulu laisser une procuration. Tout à l'heure, je me présente au bureau de vote, mes deux cartes à la main. Isoloir. Enveloppe refermée. Je m'avance devant l'urne. Une dame décline mes nom et adresse. Au moment de glisser mon bulletin dans l'urne, qu'est-ce que je vois sur le registre ? On a déjà signé à ma place. Je demande au type du bureau de vote ce que ça signifie. Il me dit :

« — Mais vous n'avez pas voté au premier tour.

« — C'est mon affaire. Ça ne vous regarde pas.

« Le ton monte :

« — Vous n'allez pas faire d'histoires pour si peu, hein ? Quelqu'un se sera trompé de ligne. Voilà tout.

La dame a voté, posé son paraphe, mais est encore toute retournée. Son fils la rassure en riant aux éclats.

— Maman, tu ne sais pas? Ici, c'est comme en Corse, on remplit les urnes à la main. Et on fait voter les morts. Tiberi ne pouvait pas deviner que tu étais en voyage.

2 juin. Propos de dame.

Derrière ces grands animaux qui peuplent nos paysages, il y a toujours, bien sûr, une femme, tantôt soumise ou effacée, tantôt tigresse. Et quelquefois les deux, comme Bernadette Chirac, conseiller général de Corrèze par la grâce de son époux. Ah, elle n'a pas eu la chance de naître d'une maman institutrice ou infirmière. La cuiller d'argent qu'elle tenait dans sa bouche en venant au monde lui a engourdi l'élocution. Proie facile pour les Guignols qui la font appeler « maman », et tutoyer son mari, tout l'inverse de la réalité.

Par son oncle, Geoffroy Chodron de Courcel, qui fut un collaborateur obscur mais ina-

movible du Général, elle appartient à l'aristocratie gaulliste que Chirac vénère. Mais elle
relève surtout de cette petite noblesse française
cuirassée de principes, de catholicisme, de
patriotisme qui sert l'Etat sans pouvoir se
plaindre de lui. Elle a eu des malheurs fami-
liaux, pour compenser les privilèges dont elle a
été comblée.

Chirac la ménage et l'écoute sauf lorsqu'il
subit des échecs. Depuis deux ou trois
semaines, Bernadette ne décolère pas et l'écho
de ses imprécations est perceptible jusqu'en
Corrèze. Maintenant que tout est consommé,
telle Clytemnestre, elle maudit les dieux qui
viennent de sacrifier son époux. Les coupables,
selon elle, sont les mauvais génies qui
entourent Chirac jusqu'à la tenir, elle, à
l'écart :

— Ils l'ont trompé, dit-elle. Ils n'ont jamais
voulu lui ouvrir les yeux. Ils lui ont menti.

L'accusation vise, en gros et en détail,
Juppé, Villepin, Pilhan, d'autres plus négli-
geables, et même sa fille Claude. Bernadette
Chirac a toujours vu d'un mauvais œil cette
subordination rapprochée de la fille au père et
du père à la fille. Peut-être reproche-t-elle à
Claude d'exercer sur Jacques Chirac une autorité dont elle a parfois elle-même rêvé...

Avec ses principes, et cette foi gaulliste d'un charbonnier de Colombey, Bernadette Chirac ne manque pas de sens politique. Son mari est trop pressé pour écouter les gens : pas elle. Elle se voulait, à l'Elysée, la voix de cette France profonde dont parlait Pompidou, une France en retard sur son siècle, peut-être, mais forte de ses certitudes ancestrales.

— Vingt fois, je l'ai dit à Jacques. Vingt fois je lui ai déconseillé de dissoudre l'Assemblée. Mais vous savez bien, dit-elle à ses amies : il ne m'écoute pas. Il ne tient aucun compte de mes conseils. Il fait même exactement le contraire. Et voilà où nous en sommes.

Il y a neuf ans, après l'échec de son mari à l'élection présidentielle, Bernadette Chirac incriminait les Français qui se refusaient à aimer un homme si aimable et lui préféraient un monstre de perversité. Pendant plusieurs mois, le vaincu avait connu la déprime. Aujourd'hui, la meute des visiteurs guette chez le maître de l'Elysée les premiers symptômes du mal.

Au plus fort de la maladie, Pompidou et Mitterrand, chaque fois qu'on leur serrait la main, croyaient qu'on voulait leur prendre le pouls. Chirac devra vivre à présent sous le regard clinique de cinquante millions de neuropsychiatres. Dans les ministères où ils bouclent leurs valises, les commis de l'Etat chiraquien assurent qu'il flotte déjà à l'Elysée comme une odeur d'antidépresseur.

4 juin. Le glaive.

Trois dirigeants du parti sang-plus-que-jamais-triste, Méhaignerie, Bosson et l'ancien ministre de la Sécurité sociale de Juppé, Jacques Barrot, trois hommes ruisselant de vertu chrétienne et issus des écoles catholiques, viennent d'être mis en examen. Motif : le parti dont ils étaient les chefs a assuré son financement au moyen d'une caisse noire, alimentée par des entreprises et placée dans une banque suisse.

Il y a du burlesque dans cette « affaire » : les poursuites judiciaires avaient été engagées par Méhaignerie lorsqu'il était garde des Sceaux. Nos frères sang-triste poussent la pieuse mortification et l'autoflagellation au-delà des limites du raisonnable : il est vrai qu'en matière de sacrifice délibéré, Chirac ne craint pas davantage les excès.

Quoi qu'en pensent nos compatriotes, enclins à apercevoir, derrière toute péripétie politique, un mauvais coup inspiré de Machiavel, cette triple implication judiciaire ne doit rien au nouveau gouvernement. Nommée ministre de la Justice il y a quelques heures, Elisabeth Guigou n'a pas encore eu le loisir de se frotter à une matière dont elle ignore les rudiments. Elle doit sa promotion à son ignorance.

La mise en examen de Barrot et de ses deux compères était prévue et annoncée depuis plusieurs semaines. Elle a été retardée par les élections. Elle explique l'inexplicable dissolution d'une Assemblée où Chirac disposait d'une majorité torrentielle. Selon une loi d'autant plus rude qu'elle n'a pas été écrite, Barrot aurait dû démissionner dès sa mise en examen. On voit d'ici la cascade des conséquences : remaniement du gouvernement, limité ou non, débat déchirant sur le maintien de Juppé à son poste — bref, ce qu'on appelle improprement une « crise sèche », délivrant des flots d'encre et de larmes. Chirac aura préféré dissoudre et s'en remettre à la Providence plutôt que de se voir plongé dans une tragédie cornélienne.

Au bout du compte, il écope d'un drame shakespearien, n'ayant ni cheval pour repartir à la bataille, ni royaume à offrir pour s'en payer un.

9 juin. Anatomie.

Deux étudiants en sciences politiques, propres et polis comme de futurs énarques, viennent me demander de leur décrire ce corps électoral devant lequel aujourd'hui tout le monde se prosterne. Je réponds avec précaution :

— Pensez à Ulysse cruellement châtié pour avoir voulu examiner de près la morphologie des sirènes. Le corps électoral, il vous est permis de le rêver, mais non de chercher à le voir, à le toucher, ou à le manipuler. Vous y perdriez votre âme, et cette espérance de destin pour laquelle vous avez tant travaillé. Le corps électoral est d'essence inhumaine — d'autres disent même divine. Ne comptez pas l'étreindre : ce corps-là est capable, pour se défendre, de ruses et de morsures que vous n'imaginez pas.

Devant la déception de mes visiteurs, je poursuis :

— Il n'existe nulle part de représentation du corps électoral. On connaît de lui quelques caractéristiques grâce aux innombrables victimes qu'il a laissées, sans vie, au fond de l'eau, dans un fleuve souvent comparé à la Berezina. Je pense que c'est un corps hermaphrodite du genre de ceux qu'a sculptés Praxitèle et dont nous possédons au Louvre un exemplaire, couché sur le côté, le visage à demi caché au creux du coude, une jambe reposant sur l'autre et présentant aux regards sa délicate partie postérieure. Un peu plus féminin que masculin, avec ce que nos ancêtres appelaient des appas, des courbes, des rondeurs, des grâces qui se devinent seulement. Alangui, il a l'air de se reposer, sans défense. Et, ainsi, il expose l'éventuel spectateur à la terrible tentation de le retourner pour observer ses beautés secrètes. C'est alors qu'il se venge, et tue ceux qui l'auraient caressé...

Et je conclus :

— Cette année, surpris dans son sommeil, arraché à son apathie languide, le corps électoral a enregistré un des plus épouvantables tableaux de chasse qu'on ait jamais vus. Combien d'hommes et de femmes (celles-ci moins nombreuses pourtant, car plus prudentes de nature) abattus pour s'y être frottés... Combien de jeunes gens s'arment déjà pour partir dans quelques années à sa conquête! Les téméraires, les fous!

11 juin. Débris.

Il n'y a ni fleurs, ni drapeaux, ni ex-voto sur les murs de ce salon d'hôtel où les troupes chiraquiennes sont réunies au grand complet pour une veillée funèbre. Même le nom de Chirac a été effacé, de crainte de déclencher des cris de rage. Serrés les uns contre les autres, jeunes et vieux, victimes et rescapés, officiers et simples soldats, sont venus chercher ici un peu de cette chaleur animale que les partis politiques prodiguent à leurs troupes

quand ils ne peuvent plus distribuer ni investitures ni mandats.

Disséminés dans l'assistance, des informa-
teurs de Chirac, couleur muraille, tendent
l'oreille mais en vain : on n'est pas venu ce
soir apporter ici son commentaire, son témoi-
gnage. Depuis dix jours tout a été dit, sans
phrases, avec des larmes dans les yeux ou des
poings serrés au fond des poches. On ne s'api-
toie même pas devant le visage de cendre de
Juppé venu stoïquement déposer ses étoiles de
commandant en chef des armées chiraquiennes. Séguin, qui lui succède enfin, n'a
pas l'air enchanté de recevoir en héritage une
armée défaite, exsangue et déchirée. Sans doute
mesure-t-il le temps qu'il lui faudra pour
reconstituer une force avec ce petit tas de
débris. Son discours funèbre est celui d'un
rabbin au pied du mur des Lamentations.
Même l'hommage obligé qu'il adresse de loin
à Chirac est de ceux que l'on prononce en
face des cercueils, excessifs et insignifiants :
« L'homme du pays, la clef de voûte du
régime, l'architecte de notre politique, le
garant de notre cohésion sociale et de notre
intégrité nationale... » Par pelletées généreuses,
Séguin enterre Chirac sous des fleurs de rhéto-

rique bon marché. Personne décidément n'est disposé à honorer l'organisateur du désastre.

— Chirac? murmure un vaincu du 1ᵉʳ juin. Il n'a plus besoin de nous pour aller inaugurer des musées (il vient de le faire à Lille) en compagnie des dames Aubry et Trautmann. Son boulot, à présent, c'est de faire risette aux socialistes. Il a perdu la bataille de France, il a signé l'armistice, il garde son palais. Il s'organise dans la collaboration.

Chirac est prévenu : les forces, hier coalisées, de la droite ne le reconnaissent plus comme leur chef. Le sang-triste Bayrou l'a déclaré dès le lendemain de la défaite. L'accession de Séguin à la tête du RPR est un défi à son autorité : sans moyens, Chirac n'a pas pu s'y opposer, ni empêcher la conjuration de Séguin avec Balladur, Sarkozy, la tribu à jamais maudite des usurpateurs de 1995.

Tout désormais se fait et se défait sans lui. Les socialistes nommeront les préfets et patronneront les restructurations industrielles, la droite préparera les échéances lointaines : il sera consulté pour la forme. Il faudra désormais l'imaginer en président potiche, comme on appelait ceux de la IVᵉ République, multipliant les comices agricoles et les visites à l'étranger pour tromper l'énergie débordante de cette grande carcasse en mouvement perpétuel.

Séguin vient de recevoir la quantité d'applaudissements décente par ces temps de deuil. Il laisse tomber une paupière lourde et bistre sur la cohorte décimée qu'il a reçue en héritage. Les « compagnons » se regroupent, par petits paquets, et échangent les numéros de téléphone de leurs points de chute.

— On se revoit très vite, hein ?

— Sûr. Promis.

Mais certains, à voix presque haute, se risquent à tirer la leçon de la défaite :

— La droite est toujours majoritaire en France. Nous aurions gagné si nous n'avions pas lancé des anathèmes inutiles contre le Front national. Il faut se rendre à l'évidence. Si demain nous continuons à refuser le dialogue avec l'extrême droite, d'autres, à l'UDF, du côté d'Alain Madelin, se libéreront de ces sortes de scrupules.

Nicolas Sarkozy passe de groupe en groupe, la poignée de main enjôleuse. En 1993, il travaillait pour Chirac. Un an plus tard, il rejoignait Balladur. Aujourd'hui, il s'est mis à suivre Séguin. Chemin faisant, il a accumulé sur ses épaules les jalousies haineuses. Il semble s'en accommoder. Il porte son jeune âge à la boutonnière comme les vieux gaullistes leur médaille de la Résistance. La traversée du désert, si longue soit-elle, il n'en fera qu'une bouchée.

13 juin. Epilogue.

Peuple frivole, impertinent, de peu de foi et encore moins de loi, les Français aiment rire de ce dont il faudrait pleurer. Les malheurs dont nos misérables vies sont assaillies déclenchent leur hilarité. Un mari trompé, un maître d'hôtel étalé sur un tapis avec la pièce montée, un habit qui craque dans le dos, une tarte à la crème bien ajustée sont les ressorts ordinaires et inusables du génie comique français. Nos concitoyens sont des rieurs au premier degré.

On les disait, il y a deux mois, amers, pessimistes, fatigués de ne point voir venir la croissance sur la route qui poudroie. Même lorsqu'ils s'en allaient manifester pour quelque

noble cause, avec des tambours et des manne-
quins de papier, ils gardaient leur sérieux. En
avril 1968, le pays s'ennuyait. En février 1997,
il s'abandonnait à la morosité individuelle et
collective, sourd aux hymnes à la joie auxquels
les invitaient des dirigeants à la voix chagrine.

Juppé voulait leur offrir une campagne électorale « joyeuse », mais il avait oublié de se
regarder dans une glace.

Depuis le 1ᵉʳ juin, qui a vu trébucher la
moitié, la meilleure, la plus compétente et
intelligente moitié, de leurs maîtres en politique, les Français ne cessent de s'esclaffer de
la bouffonnerie dont ils viennent d'être les
acteurs et les spectateurs. Ils n'ont certes
jamais pris Chirac pour un personnage de
drame antique. Mais voir le président de la
République dans la posture du prince bafoué
est pour eux une matière inépuisable à rire.
Aux comptoirs des bistrots, on se raconte
l'affaire entre deux hoquets. Chacun a sa version : « C'est l'histoire du chasseur qui se tire
une balle dans le pied... Non, celle du sauteur
à l'élastique sans élastique... Vous n'y êtes pas :
c'est un homme qui se présente sur le plon-
geoir d'une piscine haut de sept mètres, et
saute sans s'apercevoir qu'il n'y a pas un centi-

mètre d'eau... Pensez donc : Chirac est pétri de culture slave : il a joué à la roulette russe en laissant toutes les balles dans le barillet... »

Dans le périmètre des ministères, on a le rire plus savant : « Il ne restait à Chirac que la cohabitation pour espérer retrouver un peu de popularité... Auprès de Jospin, notre président aura l'air d'un joyeux compère... C'est notre Poulidor : nous adorons les perdants... » Les socialistes ne sont pas les derniers à se taper sur les cuisses : « Vous pensiez que Pilhan nous avait trahis ? Erreur : il n'a pas cessé, depuis Mitterrand, de travailler pour nous. Vous voyez bien. »

Un journaliste rit aux larmes : « C'est une histoire belge. »

L'hilarité traverse la France, franchit les frontières, s'étale en première page des journaux étrangers. Tous les soirs, aux Guignols de l'Info, pauvre Chirac tape fébrilement sur un ordinateur pour tenter de découvrir les ressorts de la farce dans laquelle il s'est emberlificoté. Lui-même, en chair et en os dans le bureau qu'occupèrent jadis de Gaulle et Pompidou, ne peut que souffrir mille morts dans ses oripeaux d'arroseur arrosé. Désormais, lorsqu'il entonnera son habituel couplet sur la « place de la France dans le monde », qui agace tant nos partenaires européens, il se heurtera à des sourires goguenards.

Mais ce n'est qu'un intermède. Un jour, dans un mois, dans un an, l'Histoire reprendra son cours normal, qui n'est jamais longtemps comique.

Cet ouvrage a été réalisé par la
SOCIÉTÉ NOUVELLE FIRMIN-DIDOT
Mesnil-sur-l'Estrée
pour le compte des Éditions Grasset
en septembre 1997

Imprimé en France
Dépôt légal : septembre 1997
N° d'édition : 10443 – N° d'impression : 39607
ISBN : 2-246-54871-3